Waltraud Witteler | Maria Flor

Waltrauds Waldgeflüster

Geheimnisse der kreativen Pilzküche

Waltraud Witteler | Maria Flor

Waltrauds Waldgeflüster

Geheimnisse der kreativen Pilzküche

BUCH- UND KUNSTVERLAG OBERPFALZ

Bibliografische Information der Deutschen Nationalbibliothek

Die Deutsche Nationalbibliothek verzeichnet diese Publikation in der Deutschen Nationalbibliografie; detaillierte bibliografische Daten sind im Internet über http://dnb.dnb.de abrufbar.
ISBN 978-3-95587-069-0

Verlag und Autor übernehmen keine Verantwortung für Fehlbestimmungen durch den Leser dieses Kochbuchs sowie für individuelle Unverträglichkeiten vielfältiger Art. Eine Haftung des Autors bzw. des Verlags für Personen-, Sach- und Vermögensschäden ist ausgeschlossen.

Fotos/Illustration:

Fotos: Maria Flor

Foto Vorwort: Jürgen Wilke

Foto Pilzbeschreibung Krause Glucke: Regina Schindler

Fotos Pilzbeschreibung Täublinge: Norbert Griesbacher

www.stockadobe.com: Marina Gorskaya, marinavorona, mariasem, monkographic, Fisher Photostudio, DiViArts, JeannaDraw

www.123rf.com: Vladimir Yudin, Yevhenii Dorofieiev

1. Auflage 2020
ISBN 978-3-95587-069-0

www.battenberg-gietl.de

Vorwort

„Eigentlich mag ich keine Pilze, aber die haben mir richtig gut geschmeckt. Verrate mir doch das Rezept!"

Das habe ich so schon häufig erlebt und diese Freude, die man erfährt, wenn Gäste nach einem gemeinsamen Essen so reagieren, möchte ich mit Ihnen durch dieses Buch sehr gerne teilen.

Als Kind erging es mir wie so manch einem anderen Waldliebhaber: Ich hatte einen Riesenspaß beim Schwammerlsuchen und einen großen Ehrgeiz, den ersten, schönsten, besten und möglichst nicht wurmigen Pilz zu finden. Das gelang mir auch meist und ich hatte wirklich viel Schwammerlglück. Doch wenn es ans Essen ging, war die Begeisterung nicht so groß. Sie schmeckten nicht immer, manchmal für meinen empfindlichen Gaumen sogar etwas bitter, hatten zu wenig Biss und einige Male wurde es mir auch richtig übel.

Das änderte sich im Laufe der Jahre, als ich selbst zu kochen anfing – und das war schon recht früh. Ich nutzte den Eigengeschmack der verschiedenen Sorten, die unterschiedlichen Eigenarten ihrer Veränderung beim Garen, sei es geschmacklich, farblich oder in ihrer Textur, und machte dabei immer wieder neue Entdeckungen. Besonders die ungeheuer große Vielfalt der Pilze fasziniert mich auch noch heute.

Die Pilze sind ja auch von den drei Gruppen der Lebewesen auf unserer Welt, den Tieren, den Pflanzen und den Pilzen, die weitaus größte und umfangreichste Gruppe. Ich spreche auch gerne von den drei großen Fs, der Fauna, der auch wir Menschen angehören, der Flora, unserer wunderbaren Pflanzenwelt, und den Fungi, den Pilzen. Noch längst nicht alles hat die Naturwissenschaft über diese große Gruppe ergründet, und auch der verhältnismäßig winzige Anteil davon, die Speisepilze, hüten noch viele Geheimnisse.

Lassen Sie sich ein paar Küchen-Geheimnisse über diese bezaubernden Lebewesen zuflüstern!

Inhaltsverzeichnis

ZUCHTPILZE | 94

Marktpilze

Marktpilze

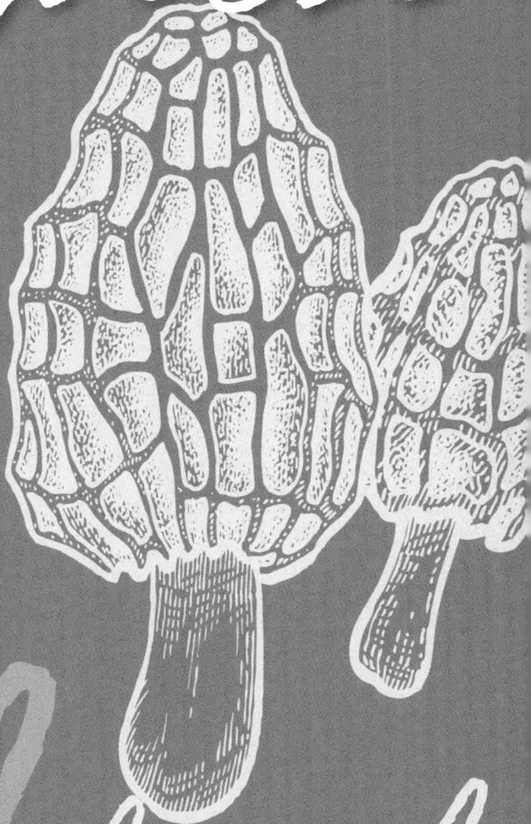

Marktpilze

Milchbrätlinge

Paprika | Blutwurst

Zutaten:

600 g Milchbrätlinge

2 rote oder gelbe Paprikaschoten

1 Ring geräucherte Blutwurst

1 Bund Petersilie

1 EL Butter oder Butterschmalz

Mehl zum Wenden

Salz

Pfeffer

Geräuchertes Paprikapulver

Zubereitung:

1. Die Paprikaschoten halbieren oder dritteln, die Kerne und den grünen Strunk entfernen und mit der Haut nach oben im Herd bei Grill-Funktion 8 – 10 Minuten erhitzen, bis sie schwarz sind. Dann herausnehmen und die Haut abziehen.
2. Die Milchbrätlinge in Streifen schneiden und in einer beschichteten Pfanne anbraten.
3. Die Blutwurst enthäuten, in Scheiben schneiden, in Mehl wenden und ebenso in einer beschichteten Pfanne von beiden Seiten kross anbraten.
4. Die gehäuteten Paprika in grobe Stücke schneiden und mit etwas Salz und geräuchertem Paprikapulver würzen.
5. Die Milchbrätlinge mit Salz und Pfeffer würzen und mit gezupfter Petersilie in etwas Butterschmalz schwenken.

Kräftig, deftig und doch recht fein und harmonisch, so lässt sich dieses Gericht bezeichnen, das für Vegetarier auch ohne Blutwurst schmeckt.

Milchbrätling

Milchbrätlinge scheinen nicht so viel Regen zu brauchen wie die meisten anderen Pilze, weshalb man sie in trockenen Sommern, wo der Start der Pilzsaison manchmal auf sich warten lässt, oft schon im August finden kann. Obwohl der Pilz mit seinem kräftigen Geschmack die Pilz-Liebhaber und -Genießer in zwei Lager spaltet, hat er doch seinen Weg auf den Markt gefunden.

Sammelt man ihn selbst, so sollte man ihn nicht anschneiden und auch nicht anderweitig verletzen, damit die weisse Milch, die er reichlich enthält, nicht ausläuft und er dadurch trocken wird und auch an Aroma verliert. Sein kräftiger Geschmack verbindet sich bei der Zubereitung gut mit Rauch-Aromen. Es ist ein ausgesprochener Brat-Pilz. Bei Pilz-Mischgerichten ist immer an seinen recht dominanten Geschmack zu denken, er passt nicht immer.

Morcheln gefüllt

Honigzwiebeln

Zutaten:

500g frische Morcheln

4 Paar Kalbsbratwürste oder auch nur das Brät

200 ml Sahne

Ingwerpulver, Macispulver oder alternativ Muskat

4 mittelgroße rote Zwiebeln oder auch 3 rote Frühlingszwiebeln, die man um diese Zeit manchmal erhält.

2 EL Honig

250 ml Madeira (teilen für Morcheln und Zwiebeln)

75 ml weißer Balsamico

4 EL (je 2) Butter

200 ml Kalbsfond

Salz, Pfeffer

Zubereitung:

1. Die Morcheln gründlich putzen, auch von innen. Meist ist es nötig, sie auch vorsichtig abzubrausen, denn sie lieben sandige Standorte.
2. Zubereitung der Farce: Dazu das Brät aus den Bratwürsten streichen, sollte man kein reines bekommen haben. So man will, noch mit ½ Teelöffel Ingwerpulver und einer Messerspitze Macispulver würzen und mit der Sahne gut verrühren. Die Masse in einen Spritzbeutel oder in eine kleine Plastiktüte füllen, von der man dann eine Ecke abschneiden kann. Dann die Morcheln damit befüllen.
3. Die Zwiebeln schälen und in große Würfel schneiden, ähnlich groß wie die Morcheln. In einer Pfanne mit Butter bei mittlerer Hitze anbraten und gleich zu Beginn den Honig darüberfließen lassen. Etwas karamellisieren, dann mit Madeira und einem Schuss weißem Balsamico ablöschen und noch ein paar Minuten darin schmoren.
4. Die Morcheln in Butter von allen Seiten anbraten, mit Kalbsfond und Madeira angießen und zugedeckt acht Minuten schmoren. Dann bei offener Pfanne die Sauce noch etwas reduzieren, dabei die Pilze mehrmals schwenken und mit Salz und Pfeffer abschmecken.
5. Es kann angerichtet werden.

Der hohle Körper der frischen Morchel lädt förmlich dazu ein, mit einer feinen Farce gefüllt zu werden. Je nach Größe der Ausbeute erhält man so ein feines Zwischengericht oder die Morchel wird zum Hauptspieler des Menüs.

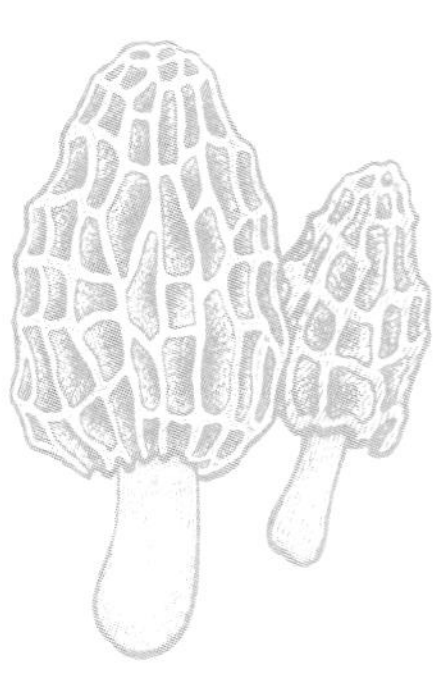

Morchel

Spargel | Kerbel

Eine wunderbare Vorspeise, die leider eine nur kurze Saison hat; dann aber ist sie nahezu ein Muss. Fällt das Osterfest spät, so ist es eine sehr festliche Einstimmung für Ihr Oster-Menü und schon gut einen Tag vorher zuzubereiten.

Zutaten:

300 ml Gemüsebrühe

150 ml Madeira

100 g frische Morcheln

4 Stangen Spargel

Salz

1 EL Zucker

6 Blatt Gelatine
alternativ Agar-Agar

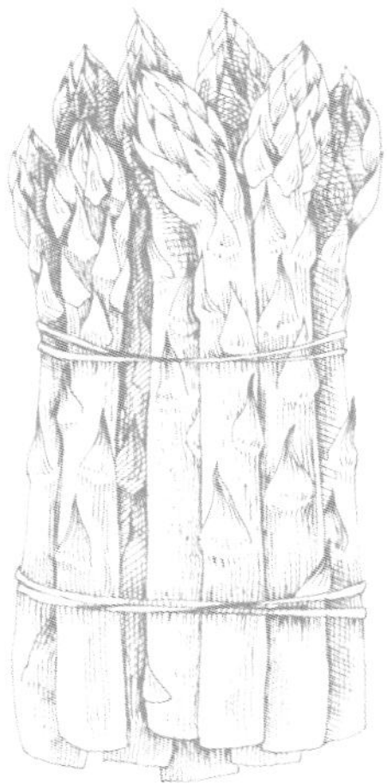

Zubereitung:

1. Förmchen mit etwas Speiseöl ausstreichen und mit Frischhaltefolie auslegen. Gut ausstreifen, damit die Folie möglichst faltenfrei bleibt. Die Förmchen in den Kühlschrank stellen. Dann den Spargel gut schälen und in 2 cm lange Stückchen schneiden. Die Morcheln gut säubern, damit sie nicht sandig sind, und in ebenso große Stücke schneiden wie der Spargel.
2. Die Gemüsebrühe zum Kochen bringen, den Madeira zufügen und die Morcheln 6 – 7 Minuten darin garen, Salz und Zucker zugeben, die Hitze abschalten und die Spargelstückchen beifügen.
3. Die Gelatine in kaltem Wasser einweichen – alternativ für Vegetarier oder Veganer kann auch Agar-Agar verwendet werden – nach ein paar Minuten auspressen, währenddessen die Morcheln und Spargelstückchen mit einem Seihlöffel aus der Brühe fischen, und die Gelatine im heißen Sud auflösen.
4. Den Sud abkühlen lassen, dann die Förmchen aus der Kühlung nehmen und eine dünne Schicht der Flüssigkeit hineingießen. Die Förmchen wieder kaltstellen und nach einiger Zeit, wenn die Flüssigkeit fest zu werden beginnt, die Förmchen etwas wenden, damit sich auch an den Seiten eine dünne Schicht bildet. Dann die Förmchen nochmals kaltstellen.
5. Die Morchel- und Spargelstückchen in die Förmchen verteilen und mit der restlichen Flüssigkeit begießen, nicht voll bedecken, dann wieder kaltstellen und fest werden lassen. Sollte noch Flüssigkeit übriggeblieben sein, kann diese durch leichtes, vorsichtiges Erwärmen nochmals flüssig gemacht werden und als Oberschicht auf die Förmchen gegossen werden.
   Dazu reicht man mit Kerbelbutter bestrichenes Weißbrot oder Tramezziniröllchen.

Kerbelbutter:

- 250 g Butter
- 1 großer Bund Kerbel (oder 2 kleine)
- 6 Blätter Bärlauch
- 1 TL Salz
- 2 cl Pernot alternativ 1 EL Fenchel-Tee oder auch ½ TL frisch geriebene Fenchelfüchte
- 1 EL Olivenöl

1. Für die Kerbelbutter sollte die Butter sehr weich, aber nicht flüssig sein. Man gibt sie zusammen mit dem grob geschnittenen Kerbel und dem in Streifen geschnittenen Bärlauch, etwas Salz, 1 EL gutem Olivenöl und Pernot – wer keinen Alkohol will, oder für Kinder, kann auch etwas konzentrierter Fencheltee verwendet werden – in einen Mixer oder eine Schneid-Misch-Maschine und verarbeitet sie zu einer schön streichfähigen Masse.
2. Für die Tramezziniröllchen rolle ich die Tramezzinischeiben mit einem Nudelholz etwas dünner aus, so lassen sie sich besser aufrollen.

Morchel-Soufflee

Spinat | Rosinen

Zutaten:

20 g – 30 g frische Morcheln

60 g Butter

2 cl Sherry

10 g Speisestärke

50 g Mehl

4 Eier getrennt

100 ml Milch

100 ml Sahne

80 g Parmesan

1 Bund Kerbel oder Petersilie

Salz

Muskat

Piment de Espelette oder Paprikapulver

Spinat:

200 g Baby-Spinat

10 g Butter

1 Schalotte klein gewürfelt

1 Zehe Knoblauch kleinst gewürfelt

2 gehäufte EL Rosinen

2 gehäufte EL Pinienkerne

Salz

Zubereitung:

1. Die gesäuberten Morcheln je nach Größe halbieren oder vierteln, in Butter 5 Min. schmoren, währenddessen Sherry angießen, etwas reduzieren lassen, mit Muskat würzen und mit Salz abschmecken. Beiseitestellen.
2. Ein Blech in den Backofen auf die zweite Schiene von unten schieben und auf 200° C vorheizen. Die Butter zerlassen und einen Teil davon zum Einstreichen der Förmchen verwenden. Diese dünn einstreichen und mit Mehl ausstäuben; dann kaltstellen.
3. Den Käse fein reiben, den Kerbel oder die Petersilie fein schneiden, das Mehl mit der Speisestärke und dem Piment de Espelette bzw. Paprikapulver mischen.
4. Die Butter erneut erhitzen, die Mehl-Mischung dazugeben und glatt rühren und mit der Milch und Sahne zu einer glatten Masse verarbeiten. Dann in eine Schüssel geben und die Eigelbe, den Käse und den Kerbel bzw. Petersilie dazugeben und gut vermischen.
5. Die Eiweiße – sie sollen nicht kalt sein – mit einer Prise Salz versetzen und steif schlagen. Dabei nicht ganz fest schlagen, die Masse soll noch leicht flüssig sein. Dann gibt man erst etwa ein Drittel zum Teig und hebt es vorsichtig unter, dann den Rest.
6. Die Morcheln in die Förmchen verteilen und den Teig aufgießen, nicht ganz bis oben hin, die Masse geht ja noch auf. Den Rand der Förmchen noch mit Küchenkrepp säubern, damit das Soufflee ungehindert aufgehen kann und nicht kleben bleibt.
7. Die Förmchen auf dem heißen Blech 20 Minuten backen. Den Ofen nicht öffnen, sondern ausschalten, nur einen kleinen Spalt öffnen und mit einem Backlöffelstiel 2 Minuten offen halten. Dann erst herausnehmen und sofort servieren.
8. Während die Soufflees im Ofen sind, den Spinat zubereiten. Dazu die Pinienkerne in einer Pfanne ohne Fett anrösten, dabei aufpassen, denn wenn sie braun werden, geht es ganz schnell mit dem Verbrennen.
   In einer Pfanne mit Butter Schalottenwürfelchen und Knoblauch anschwitzen, die Rosinen dazugeben und den Babyspinat darin schwenken. Er fällt sofort zusammen. Etwas salzen, zum Anrichten noch die Pinienkerne darüberstreuen.

Keine Angst vor einem Soufflee, man muss nur zügig arbeiten, um diese köstliche Vorspeise „standhaft" zu bringen.

Morcheln

Kalb | Spargel | Bärlauchbutter

Zutaten:

300 g frische Morcheln

500 g Kalbsschnitzel oder Kalbsfilet

1 kg Spargel, etwas mehr weißen als grünen

60 g – 80 g Butter

1 EL Öl

50 ml Sherry

Ingwer-oder Galgant-Pulver

Salz

Zucker

Bärlauchbutter:

250 g Butter

½ Bund Bärlauch

2 TL Salz

1 TL Olivenöl

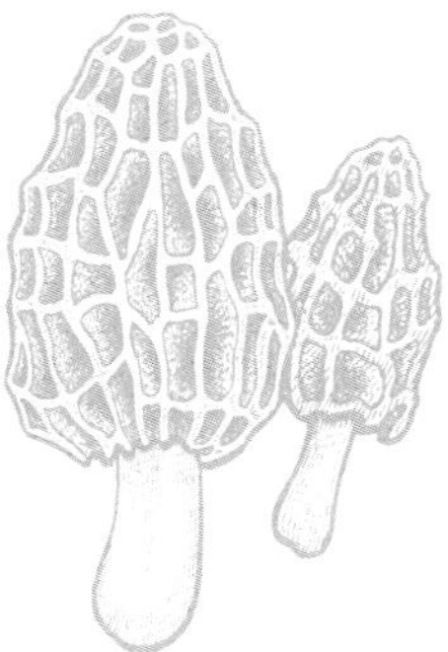

Zubereitung:

1. Die Bärlauchbutter herstellen, damit sie noch etwas durchziehen kann. Dazu den Bärlauch waschen und gut trocken tupfen. Die Butter sehr weich werden lassen bis direkt vor den Schmelzpunkt. Die Butter in einen Blitzhacker oder Mixer geben, den grob geschnittenen Bärlauch und feines Meersalz dazu, nach Belieben kann man auch noch einen Teelöffel Olivenöl über den Bärlauch fließen lassen und alles zusammen fein zerkleinern.
2. Den weißen Spargel gründlich schälen, beim grünen Spargel nur etwa ein Drittel und die unteren 2 bis 3 cm abschneiden. Den grünen Spargel 6 Minuten in Salzwasser kochen, in eiskaltem Salzwasser abschrecken. In das heiße Spargelkochwasser die Spargel-Abschnitte und die Spargelschalen geben, einen guten Teelöffel Zucker und ein kleines Stück Butter dazu und zum Kochen bringen. Die weißen Spargelstangen in eine Serviette oder ein Küchentuch (darf nicht mit Weichspüler behandelt sein) einschlagen, mit in den Topf geben und 7 bis 10 Minuten, je nach Dicke, gar kochen. Er muss noch genug Biss haben. Lieber etwas früher herausnehmen, er zieht noch etwas nach.
3. Die Morcheln müssen gut vom Sand befreit sein, notfalls mit kaltem Wasser gut abbrausen und abtropfen lassen. Mit Küchenpapier trocknen und in einer Pfanne mit Butter anschwitzen; mit dem Sherry ablöschen und zwei bis drei Schöpflöffel des Spargelsuds – natürlich aufpassen, dass keine Schalen dabei sind – dazugeben und bei milder Hitze einige Minuten schmurgeln lassen.
4. Die Kalbsschnitzel oder Filetscheiben salzen, mit Ingwerpulver oder Galgant würzen und in Butter/Öl von beiden Seiten goldbraun anbraten; herausnehmen und bei 80° C warmstellen. Die Morcheln aus dem Sud nehmen und warmstellen. Wenn man will, kann man mit dem Morchelsud den Bratensatz in der Pfanne lösen und noch ein kleines Sößchen daraus ziehen.
5. Spargel und Morcheln anrichten, das Fleisch mit dazugeben, die Bärlauchbutter kann sowohl zum Spargel wie zum Kalbfleisch gereicht werden.

Wenn die Hauptsaison des Spargels beginnt, haben auch die Morcheln ihre Zeit und der Bärlauch hat noch seine zarten, frischen Aromen. Es gibt nichts Besseres, als diese drei zu kombinieren.

Morcheln

Pak-choi | Yuzu

Klingt exotisch und bringt uns fernöstliches Flair in unsere Küche. Auch Veganer werden dieses kleine Gericht lieben.

Zutaten:

2 Stauden Pak choi

500 g frische Morcheln

5 Frühlingszwiebeln

2 gehäufte EL Kokosöl

1 Glas Sherry

Yuzu- oder Zitronen-Saft

Soja-Pilz-Sauce

Zucker

Zubereitung:

1. In einer kleinen Pfanne werden die Morcheln in Kokosöl angebraten, nach etwa 5 Minuten gibt man den Sherry dazu, Zucker und einige Minuten später die in Röllchen geschnittenen Frühlings-Zwiebelchen. Sind die Schläuche nicht ganz so dünn, empfiehlt es sich, sie zuerst längs durchzuschneiden.
2. Den Pak choi in 1 ½ cm breite Streifen schneiden und in einer weiteren Pfanne in Kokosöl kurz braten, bis er beginnt, leicht braun zu werden.
3. Auf vorgewärmten Tellern den Pak choi anrichten und die Morcheln mit den Zwiebeln dazutun. Den Bratfond der Morcheln mit etwas Yuzu-Saft, – alternativ Zitronensaft einer halben Zitrone – versetzen und mit Soja-Pilz-Sauce würzen. Vorsichtig, denn die Sauce ist sehr salzig. Evtl. mit Zucker und Wasser nacharbeiten, um den feinen Morchel-Geschmack nicht zu zerstören.
4. Die Sauce neben Gemüse und Pilzen anrichten.

Morchel

Frische Speisemorcheln gehören in den Frühling. Sie haben einen ganz charakteristischen, sehr edlen Eigengeschmack und verdienen es unbedingt, die Rolle des Protagonisten in einem Gericht zu spielen. Wenn man nicht das Glück hat, sie im eigenen Garten oder einem Park zu finden, so bekommt man diese begehrten Pilze auf dem Markt, muss allerdings dafür die Geldbörse schon etwas öffnen. Auch in getrocknetem Zustand sind sie nicht billig. Sie sind eher noch aromatischer und eignen sich so besonders zur Zubereitung einer klassischen Morchelsauce, bei der sich die Pilze vom Madeira umschmeicheln lassen.
Auf keinen Fall roh verzehren, sie enthalten ein Gift, das erst durch Erhitzen zerfällt.

Pfifferling
Portulak-Salat

Zutaten:

250 g Pfifferlinge, am besten kleine Knöpfchen

2 Bund Portulak

2 Rispen Honigtomaten

1 Handvoll ganz grob gehackte Walnüsse

1 milde weiße Zwiebeln oder 2 Schalotten

1 EL Olivenöl zum Braten + 100 ml für das Dressing

1 guter TL Blütenhonig

2 – 3 EL Balsamico-Essig

Salz

Zubereitung:

1. Für das Dressing wird Salz in Balsamico-Essig aufgelöst, ein guter Teelöffel Honig dazugegeben, ebenfalls gelöst und mit einem guten Olivenöl vermengt.
2. In einer Pfanne die Pfifferlinge anbraten, bis sie Feuchtigkeit abgeben, dann etwas Öl dazugeben, die Walnüsse und die gewürfelte Schalotte oder milde Zwiebel mit anschwitzen, nur ein bis zwei Minuten, dann die Pfanne von der Hitze nehmen.
3. Den Portulak waschen und zupfen und die kleinen Honigtomaten vierteln. In eine Schüssel geben, den Pfanneninhalt dazuschütten und alles mit dem Dressing übergießen. Gut durchmischen und fertig ist der Salat.

Ein herrliches, kleines Gericht an heißen Sommertagen, es strotzt nur so von wertvollen Nahrungsstoffen, ein echtes Superfood.

Pfifferlinge

Speck | Wachtelei

Ein Klassiker zur Pfifferlingszeit sind Pfifferlinge, mit Speck gebraten. Die Wachteleier gesellen sich gerne dazu und veredeln das Gericht.

Zutaten:

500 g Pfifferlinge

250 g durchwachsener schwarzgeräucherter Speck

12 Wachteleier

1 Blatt Liebstöckel oder 3 Blatt Petersilie

Salz

Pfeffer

Zubereitung:

1. Pfifferlinge putzen, die größeren zerschneiden. Den Speck in Würfel schneiden und in einer beschichteten Pfanne anbraten. Wenn etwas Fett ausgetreten ist, die Pfifferlinge dazugeben und etwa 10 Minuten mitbraten. Vorsichtig salzen, da der Speck bereits salzig ist. Pfeffern und ganz zuletzt ein klein geschnittenes Blatt Liebstöckel dazugeben, alternativ Petersilie.
2. Will man Wachteleier dazu, so brät man in einer Pfanne die Schwarte und die im Rauch gehangenen Speckränder aus, nimmt die Pfanne vom Herd und lässt die Wachteleier, die man vorsichtig anritzt, in die Pfanne gleiten. Man kann auch kleine Ausstechringe einsetzen um sie gleichmäßig rund zu bekommen. Dann die Pfanne wieder aufsetzen und bei niedriger Hitze ausbraten. Das dauert höchstens 3 Minuten. Salzen und pfeffern und zu den Pfifferlingen anrichten.

Pfifferling

Kohlrouladen

Kohl-Rouladen oder Krautwickel, wie man sie in der Oberpfalz nennt, ist ein herrliches ländliches Gericht, besonders im ausgehenden Sommer, wenn die Kohlblätter noch ganz zart sind.

Zutaten:

1 Kopf Spitzkohl

500 g Pfifferlinge

1 etwas größere Speisezwiebel

150 g kräftiger Bergkäse

3 – 4 gehäufte EL Semmelbrösel

Butterschmalz

Salz

Pfeffer aus der Mühle

Gemörserter oder gemahlener Kümmel

Zubereitung:

1. Vom Spitzkohl die äußeren Blätter vorsichtig ablösen und in kochendem Wasser 3 Minuten blanchieren. Dann mit einem Seihlöffel herausnehmen und abtropfen lassen.
2. Die Pfifferlinge putzen und kleinschneiden, die Zwiebel klein würfeln und beides in einer Pfanne bei mittlerer Hitze in 1 EL Öl oder Butterschmalz braten. Das Innere des Spitzkrauts, oder wenn es sehr viel ist, einen Teil davon, kleinschneiden und ebenso mitbraten. Nur wenig salzen, da noch Käse zugegeben wird. Mit Pfeffer aus der Mühle und etwas fein gemörsertem Kümmel würzen.
3. Von den Krautblättern die dicke Mittelrippe heraustrennen, sie kann auch kleingeschnitten mit zur Füllung gegeben werden. Die Blätter ausbreiten. Die Füllung von der Hitze nehmen, mit Semmelbrösel etwas fester machen und den Bergkäse mit dem Hobel dazureiben. Alles gut vermengen und mit einem großen Vorleglöffel auf die Kohlblätter verteilen.
4. Die Kohlblätter zu kleinen Päckchen zusammenwickeln und in eine mit Butterschmalz ausgefettete, feuerfeste Form legen. Den Ofen auf 160° C vorheizen, die Kohlrouladen mit Butterschmalz bestreichen und 10 bis 15 Minuten garen. Die Oberseite sollte leicht bräunen.

Diese Variante ist für Vegetarier gut geeignet und so schmackhaft, dass auch jeder Fleischliebhaber voll davon zu überzeugen ist. Man muss ja erst mal nicht verraten, was sich in der Füllung befindet.

Pfifferlinge

Birne | Okra | Porchetta

Wunderschöne Pfifferlinge, herrlich frische kleine Okra und kleine Birnen – auf Oberpfälzisch Sußbiala – hatte der Gemüsehändler als nichtalltägliche Besonderheiten in seinem Angebot. Als ich das Ganze nach Hause trug und überlegte, was ich daraus machen könnte, fiel mir der norddeutsche Klassiker „Birnen, Bohnen und Speck" ein. Oh, und der Italiener hatte doch wunderbaren Porchetta, einen leicht gepökelten, mit Kräutern gefüllten Rollbraten aus Spanferkel, der musste auf dem Heimweg noch mit. Und schon kann's losgehen …

Zutaten:

300 g Pfifferlinge

12 kleine Okra-Schoten

8 kleine Birnchen

400 g Porchetta

2 relativ große Küchenzwiebeln

1 Lorbeerblatt

4 Pfefferkörner

2 Zweige Liebstöckel

2 Zweige Bohnenkraut

1 Curcuma-Wurzel

1 EL Pflanzenöl

Pfeffer aus der Mühle

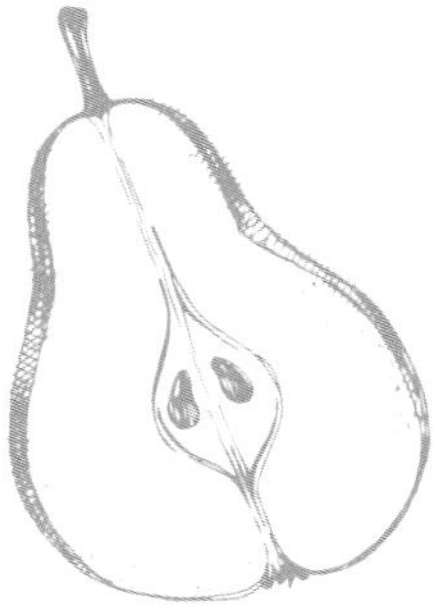

Zubereitung:

1. Den Porchetta mit einer in Viertel geschnittenen Zwiebel, einem Lorbeerblatt und vier Pfefferkörnern in 1½ l Wasser 12 Minuten kochen. Zwei Zweige Liebstöckel und 1 kleiner Bund Bohnenkraut noch mit dazu.
2. In der Zwischenzeit die Okra putzen, dazu schneidet man den Stiel und die kleine Spitze ab und kratzt ein wenig die Blütenreste vom oberen Rand ab. Dann schneidet man die Schoten in 7 – 8 mm große Ringe. Die Kerne kann man mitessen, sie sind nicht scharf wie bei der Chili-Schote, auch wenn sie so ähnlich aussehen; es ist eine ganz andere Pflanze, die Okra gehört zu den sanften Malven. Die Curcuma-Wurzel schälen und in kleine Stücke schneiden, dazu unbedingt Handschuhe anziehen, denn die gelbe Farbe geht kaum mehr von den Händen. Eine Zwiebel schälen, halbieren und in Streifen schneiden.
3. In einer größeren Pfanne mit hohem Rand etwas Öl erhitzen und die Zwiebelstreifen darin braten, bis sie anfangen, schön braun zu werden. In einer beschichteten Pfanne die Pfifferlinge ohne Fett erhitzen, bis sie glänzen und anfangen zu quietschen.
4. Die Okra und die Kurkuma zu den Zwiebeln geben und mit anbraten. In der Zwischenzeit von den Birnen nur die Blüten ausschneiden und die Birnen mit in den Kochtopf zum Porchetta geben. Die Herdplatte ausschalten und den Schweinespeck herausnehmen und in Streifen schneiden. Die Suppe schöpflöffelweise zu den Okraschoten geben und leicht kochen, bis sie weich sind. Auch die Pfifferlinge mit dazugeben. Immer wieder Suppe nachschöpfen; die Okra enthält viel Schleim und macht dadurch die Suppe schön sämig. Die Suppe auf die gewünschte Konsistenz bringen, eher eintopfmäßig, und mit Pfeffer aus der Mühle würzen. Salz ist meist nicht nötig, da das schon aus dem Fleisch austritt.
5. Die kleinen Birnen halbieren, die Stiele lässt man klassisch dran, die Suppe in Teller füllen und die Speckscheiben und Birnen obenauf legen.

Pfifferlinge

im Parmesankörbchen

Zutaten:

100 g frische, kleine Pfifferlinge

160 g Parmesan, frisch gerieben

2 Frühlingszwiebeln

Ein Spritzer Olivenöl

Salz

Auch als kleine Beilage oder auf einem Buffet sind diese Körbchen bestens geeignet.

Zubereitung:

1. Für die Parmesankörbchen verteilt man den fein geriebenen Parmesan auf ein mit Backpapier belegtes Backblech in 4 gleichmäßigen Kreisen. Bei 200° C im Backrohr werden diese dann ca. 5 Minuten gebacken. Der Käse muss geschmolzen sein und darf gerade beginnen, braun zu werden. Noch warm werden die Scheiben über weite Tassen oder kleine Schüsseln gestülpt und man lässt sie auskühlen.
2. Die Pfifferlinge, am besten kleine, feste Köpfchen, je nach Größe ganz lassen oder halbieren und in einer beschichteten Pfanne braten, bis sie beginnen, Flüssigkeit abzugeben. Beim Schütteln der Pfanne fangen sie auch an zu quietschen. Dann leicht salzen, vom Feuer nehmen, die klein geschnittenen Frühlingszwiebeln dazugeben, mit ein paar Tropfen Olivenöl beträufeln und nochmal umschwenken.
3. Die ausgekühlten Parmesankörbchen mit den Pilzen befüllen und sofort servieren.

Pfifferling

Der Pfifferling, das Eierschwammerl oder Reherl, wie er bei uns auch genannt wird, ist einer der beliebtesten Speisepilze überhaupt. Da die im Handel befindlichen Pilze aus freier Wildsammlung stammen, empfiehlt es sich beim Kauf, nach der Herkunft zu fragen, um eine mögliche zu hohe Strahlenbelastung zu meiden.

Pfifferlinge eignen sich am besten zum frischen Verzehr. Beim Trocknen werden sie zäh, beim Einfrieren werden manche bitter. Hat man eine größere Menge, so eignet sich das Konservieren in Gläsern noch am besten, um diese feinen Pilze auch im Winter, außerhalb der Saison, genießen zu können.

An einem schönen Sommerabend kann man sich selbst und natürlich seine Gäste mit dieser feinen Vorspeise verwöhnen.

Rahmpfifferlinge

Wildschwein | Romanesco

Ob sie sich im Wald schon einmal begegnet sind, die Pfifferlinge und das Wildschwein? Hier auf dem Teller treffen sie sich wieder und bilden eine wunderschöne Harmonie für den Gaumen.

Zutaten:

2 Wildschweinfilets à 400 g
500 g Pfifferlinge
1 Kopf Romanesco
2 Schalotten
2 Zweige Rosmarin
1 Knoblauchzehe
5 – 6 Wacholderbeeren angequetscht
1 L Gemüsebrühe
1 EL Rapsöl
1 EL + 2 EL Butter
Salz
Pfeffer
grober Pfeffer

Zubereitung:

1. Das Wildschweinfilet, wenn nötig, noch nachparieren, also von Sehnen und weißer Haut befreien. In einer Pfanne Rapsöl erhitzen, das Wildschweinfilet darin rundherum kräftig anbraten. Rosmarin, Knoblauchzehe und Wacholderbeeren mit hineingeben und die Filets notfalls auch beim Anbraten etwas unterstützen, damit alle Seiten gleichmäßig braun sind. Dann zusammen mit den Aromaten bei 80° C bis 85° C für 30 Minuten in den Ofen schieben.
2. Die Pfifferlinge in einer weiteren, beschichteten Pfanne erhitzen, bis sie beginnen zu schwitzen, dann 1 EL Butter dazugeben, die klein gewürfelten Schalotten mit hinein und glasig werden lassen und mit Salz und Pfeffer würzen. Die Sahne angießen und leicht einköcheln lassen. Durch die Pilze und die Schalotten ergibt sich eine schöne leichte Bindung.
3. Den Romanesco in seine Röschen zerteilen und 3 Minuten in Gemüsebrühe kochen. Herausnehmen und warmstellen.
4. In der ersten Pfanne 2 EL Butter erwärmen, einen Rosmarinzweig mit dazugeben und die Wildschweinfilets in der heißen Butter wälzen. Salzen und mit grobem Pfeffer würzen, nochmals mit der Butter etwas übergießen (nappieren), noch ein paar Minuten ruhen lassen und alles schön anrichten.

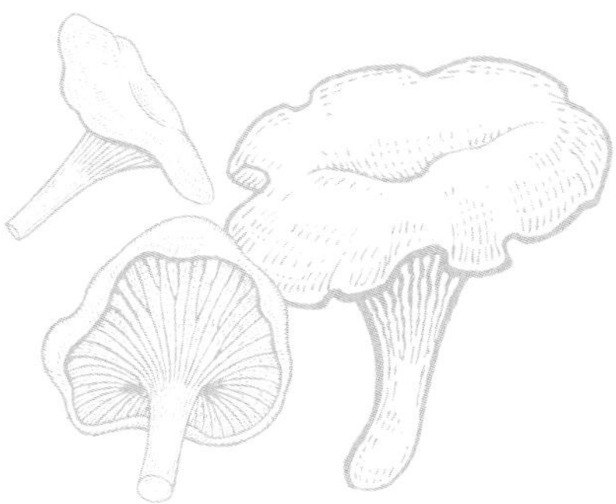

Pfifferling-Klößchen

Hirsch | Zwiebel

Zutaten:

200 – 300 g eingeweckte oder eingefrorene Pfifferlinge

4 Hirschkalbssteaks à 200 g

4 altbackene Brötchen

300 ml Milch

1 kleine Küchenzwiebel

2 große rote Zwiebeln

4 EL Öl

2 – 3 Stiele Petersilie

2 Eier

3 gehäufte EL Semmelbrösel

1 TL Honig

1 Glas + 200 ml Rotwein

200 ml Wildfond

Pfeffer

Salz

2 Zweige Rosmarin

8 – 10 Wacholderbeeren

1 EL Speisestärke

Zubereitung:

1. Die eingeweckten oder aufgetauten Pfifferlinge abtropfen lassen. Altbackenes Weißbrot schneiden und mit heißer Milch aufweichen lassen. Eine kleine, kleingewürfelte Zwiebel und die abgetropften Pfifferlinge in einem Esslöffel Öl 5 bis 6 Minuten braten, bis die Zwiebelchen schön braun geworden sind. Den Pfanneninhalt zu dem eingeweichten Weißbrot geben, zwei, drei Blätter Petersilie kleinschneiden und mit dazugeben, 2 Eier dazu und drei gehäufte Esslöffel Semmelbrösel. Ich verwende zu dieser Art Knödelchen auch gerne Brösel, die ich mir aus hart gewordenem Bauernbrot gemacht habe; die sind schön gewürzt und schmecken herzhafter. – Die ganze Masse gut durchmischen und noch Brösel ergänzen, bis ein gut formbarer Knödelteig daraus geworden ist. Gleich Knödelchen daraus formen.
2. Die roten Zwiebeln in Scheiben schneiden und in Öl braten. Einen guten Teelöffel Honig und etwas Salz dazugeben, noch eine Minute weiterbraten und mit einem guten Glas kräftigem Rotwein ablöschen. Bei niedriger Temperatur den Rotwein weitestgehend einkochen lassen.
3. Einen großen Topf Wasser aufsetzen und zum Kochen bringen für die Knödelchen. In der Zwischenzeit in einer Pfanne 2 Esslöffel Öl erhitzen und zum Aromatisieren 8 bis 10 angequetschte Wacholderbeeren und zwei Zweige Rosmarin mit dazugeben. Wenn das Knödelwasser sprudelnd kocht, die Temperatur etwas zurücknehmen und die Knödelchen einlegen. Nicht mehr kochen, sondern nur noch kurz vor dem Sieden ziehen lassen, etwa 10 Minuten. Wenn sie fertig sind, schwimmen sie oben und können mit einem Schaumlöffel herausgenommen werden.
4. Die Hirschkalbsteaks auf beiden Seiten gut anbraten, salzen und pfeffern und im Ofen bei 100° C 10 Minuten garen lassen. In der Zwischenzeit die Gewürze aus der Pfanne nehmen und den Bratsatz mit 200 ml Rotwein ablöschen. Reduzieren lassen, 200 ml Wildfond dazugießen und weiter reduzieren auf etwa die Hälfte. Dann mit Salz abschmecken, einen Esslöffel Speisestärke in etwas Wasser anrühren und zum Binden der Sauce beifügen. Kurz aufkochen, die Stärke bindet sehr schnell. Es kann angerichtet werden.

Rotkäppchensuppe

Zutaten:

500 g frische Rotkappen und Birkenpilze, es können auch ein paar Maronenröhrlinge mit dabei sein. Sollten die Pilze dickes Futter haben, braucht man etwas mehr.

3 – 4 Schalotten

2 EL Butter + 30 g kalte Butter oder statt der kalten Butter 150 ml steif geschlagene Sahne

500 ml Rotwein

500 ml Rinder- oder Gemüse-Fond

Salz, Pfeffer

Frische Petersilie zum Garnieren

Zubereitung:

1. Die Pilze putzen, das Futter möglichst entfernen. In nicht ganz 1 cm dicke Scheiben schneiden.
2. Die klein gewürfelten Schalotten in 2 Esslöffel Butter hell anschwitzen, dann die geschnittenen Pilze dazugeben und kurz mit anbraten, umrühren und mit dem Rotwein angießen.
3. Das Ganze bei mittlerer Hitze zum Kochen bringen und den Rotwein etwas einkochen lassen. Danach die Rinder- oder Gemüsebrühe dazugeben und gut zehn Minuten köcheln lassen.
4. Mit Pfeffer würzen und mit Salz abschmecken. Die Suppe bekommt meist durch die Zwiebel und die Pilze eine natürliche, leicht dickliche Konsistenz, sodass kein Nachbinden mit Mehl-Butter oder angerührter Stärke nötig ist.
5. Zum Verfeinern kann man vor dem Servieren noch 30 g bis 50 g kalte Butter in Stücken einarbeiten oder Sahne steif schlagen und eine Haube auf den Teller setzen. Frische Petersilie krönt das Ganze in Aussehen und Geschmack.

Rotkappe

Mit der Pilzsaison im Herbst kommen auch die Rotkappen und ihre engen Verwandten, die Birkenpilze, auf den Markt. Die jungen Exemplare haben ein sehr schön festes Fleisch und lassen sich gut verarbeiten. Bei den älteren Pilzen werden die Stiele meist recht zäh und die Kappen weich, schwammig und tragen ein recht dickes Futter, weshalb nur die jüngeren Pilze gesammelt und auch gekauft werden sollten. Einen großen Vorteil haben diese Pilze: Im Gegensatz zum Steinpilz sind sie sehr selten von Maden befallen, allerhöchstens ein Drahtwurm bohrt sich manchmal durch den Stiel, doch diese Spuren sind leicht zu beseitigen. Beim Kochen ist zu beachten, dass die Pilze schwarz verfärben und so das Gericht, auch wenn man nur einige bei Mischpilzgerichten dabei hat, eine recht unansehliche Farbe bekommt.

Pilz-Cappuccino

Eine Vorspeise, die wunderbar in ein festliches Menü hineinführt und, da getrocknete Pilze verwendet werden, auch gut in den Wintermonaten kredenzt werden kann.

Zutaten:

50 g getrocknete Steinpilze oder Mischpilze

2 TL getrocknete Herbsttrompeten

750 ml Gemüsebrühe

¼ l Rotwein

1 mittelgroße Küchenzwiebel

1 Lorbeerblatt

200 ml Sahne

2 Ähren langer Pfeffer

30 g Pinienkerne

Zubereitung:

1. Steinpilze oder Mischpilze in warmem Wasser einweichen. Gemüsebrühe zum Kochen bringen und bereits etwas reduzieren lassen. Eine Zwiebel schälen, halbieren und in einer beschichteten Pfanne auf der Schnittstelle sehr dunkel, fast schwarz braten lassen.
2. Die Zwiebel zur Brühe in den Topf geben, die Pfanne mit einem Teil des Pilzwassers ausspülen, es dürfen auch ein paar Pilze mit in die Pfanne purzeln, und ebenso wie die restlichen Pilze und das Pilzwasser zur Brühe gießen. Ein Lorbeerblatt mit hinein, Rotwein angießen und weiter köcheln und dabei reduzieren lassen.
3. Inzwischen die Sahne steif schlagen, den langen Pfeffer mörsern und die Pinienkerne in einer Pfanne ohne Fett rösten. Darauf achten, dass sie nicht verbrennen, sie dürfen nicht so schwarz werden wie die Zwiebel. Die Kerne dann auf ein Brett gießen und kleinhacken.
4. Die Brühe durch ein Sieb gießen und abschmecken. In Schalen oder Gläsern anrichten, mit einer Sahnehaube versehen und mit den gerösteten Pinienkernen, dem Pulver der Herbsttrompeten und dem gemörserten langen Pfeffer bestreuen. Zur Dekoration suche ich gerne noch einen kleinen, schönen Pilz aus dem Seihrückstand heraus.

Pilzbutter

Zutaten:

250 g Süßrahmbutter

25 g – 30 g getrocknete Steinpilze (oder andere aromatische Trockenpilze)

1 Knoblauchzehe

2 TL grobes Meersalz

Wenn gewollt und vorhanden 1 – 2 Tropfen Trüffelöl

Zubereitung:

1. Die Butter weich werden lassen. Sie soll aber nicht fließen, also in die Sonne oder in die Nähe eines Heizkörpers stellen.
2. Die Pilze mindestens ½ Stunde in lauwarmem Wasser einweichen. Inzwischen eine Knoblauchzehe schälen, entkeimen und kleinschneiden.
3. Die Pilze aus dem Wasser nehmen, das Pilzwasser sehr weit reduzieren, um den darin enthaltenen Geschmack zu konzentrieren, und die Pilze etwas kleinschneiden.
4. Die weiche Butter, die Pilze und den Knoblauch in einen Mixer geben, zwei Esslöffel der Pilzreduktion dazu, grobes Meersalz und – wenn man will und gerade parat hat – ein bis zwei Tropfen Trüffelöl. Das Ganze gut mixen. Noch weich ⅔ davon in ein mit Frischhaltefolie ausgelegtes Schälchen füllen, ⅓ mit Folie zu einer kleinen Wurst formen und im Kühlschrank abkühlen lassen. Wenn es fest ist, kann man einen Pilz daraus zusammensetzen.

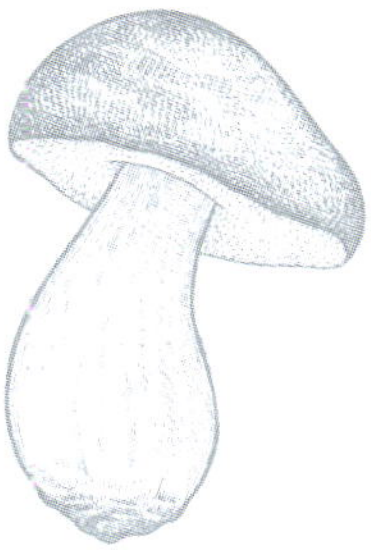

In diesem Fall habe ich die Pilzbutter aus getrockneten Steinpilzen gemacht. Es lassen sich dazu natürlich auch andere schmackhafte Pilze verwenden. Hier lässt sich ihr Aroma sanft und weich einfangen.

Steinpilz Kartoffel-Gratin

Dieses herrliche rustikale Gericht kann nicht nur den Festtagsbraten begleiten, es steht auch für sich alleine gut da mit einem wunderbaren Geschmack und allen Nährstoffen, die wir brauchen. Hübsch aussehen tut es obendrein.

Zutaten:

50 g getrocknete Steinpilze und 200 g frische Steinpilze

400 g festkochende Kartoffeln

2 mittelgroße Küchenzwiebeln

2 EL Butter

200 ml Gemüsebrühe

1 schönes Stück Bergkäse, davon etwa 100 g – 150 g in Spänen abgerieben

½ TL Kümmel

Salz

Pfeffer

Zur Garnitur frische Gartenkräuter, z. B. Petersilie

Zubereitung:

1. Die getrockneten Steinpilze einweichen und die Kartoffeln 25 Minuten als Pellkartoffeln kochen. Dabei in das Kochwasser Salz und Kümmel mit beigeben.
2. Inzwischen die frischen Steinpilze putzen und in ½ cm dicke Streifen schneiden, die Zwiebel in Streifen oder auch Würfel schneiden und eine Backform gut mit Butter ausstreichen.
3. In einer Pfanne die Pilze und die Zwiebelringe bei milder Hitze in einem Esslöffel Butter knapp zehn Minuten anbraten, mit Salz und Pfeffer würzen, dabei beim Salz etwas zurückhaltend sein, da ja später auch noch Käse zum Überbacken dazukommt. Die Pilze und Zwiebeln einstweilen auf einen Teller geben und die Pfanne mit Gemüsebrühe ablöschen; etwas reduzieren und das Einweichwasser der getrockneten Pilze auch mit dazugeben und weiter reduzieren lassen.
4. Die Pellkartoffeln abgießen und schälen. Zehn ungefähr gleich große Kartoffeln heraussuchen, jeweils auf einen Apfelausstecher stecken und mit einem kleinen Messer rundherum schneiden. So entstehen aus den Kartoffeln kleine Pilze. Die übrigen Abschnitte kann man noch etwas klein schneiden und mit zum Gratin geben. Die restlichen Kartoffeln in Scheiben schneiden und mit den Abschnitten in die Backform schichten.
5. Den Backofen auf 160° C Umluft vorheizen. Die Kartoffelscheiben in die gefettete Auflaufform verteilen, die Zwiebeln und Steinpilze mit darauf schichten, die geformten Kartoffelpilze einsetzen und die Pilz-Brühe-Reduktion über das Gratin gießen. Mit grob geriebenem Bergkäse überstreuen und etwa 15 Minuten backen, zumindest so lange, bis der Käse gut geschmolzen ist. Zum Servieren können noch frische Gartenkäuter darübergestreut werden.

Steinpilz

Haselnuss | Salat

Zutaten:

10 bis 12 kleine bis mittelgroße Steinpilze

4 Salatherzen

2 Chicoree

1 Radicchio

3 gehäufte EL Haselnüsse grob geraspelt

1 EL Puderzucker

1 Tasse trockenen Wein oder Apfelsaft

3 EL Balsamico

2 EL Olvenöl

1 EL Haselnussöl

2 EL Butter

Zubereitung:

1. Die Salatherzen in ihre Blätter zerteilen und auf einer Platte oder Tellern verteilen. Von den Chicorees und vom Radicchio die äußeren Blätter bis zu den kleinen Herzen abtrennen. In einer Pfanne Puderzucker zum Schmelzen bringen, Olivenöl angießen und die Chicoree- und Radicchio-Blätter darin nur ganz kurz anbraten. Die Blätter herausnehmen, auf die Salatherzen verteilen und die Pfanne mit Balsamico-Essig und einer Tasse Wein oder Apfelsaft ablöschen. Dann die Hitze wegnehmen, in einen Mixbecher gießen und mit Salz und einem Löffel Haselnussöl eine Vinaigrette mit dem Rührstab oder dem Handmixer daraus herstellen.
2. Die Steinpilze in 4 – 5 mm dicke Scheiben schneiden. In einer Pfanne die Butter schmelzen und bei mittlerer Hitze die Haselnuss-Raspel leicht braun werden lassen. Die Steinpilzscheiben dazugeben und 6 bis 7 Minuten garen.
3. Die Vinaigrette über die Salat-Blätter träufeln, die gebratenen Steinpilz-Haselnuss-Scheiben darüberlegen – voilà!

Steinpilz

Die große Freude für den Pilzsammler bedeutet es, einen oder gleich mehrere wunderschöne junge und gesunde Exemplare dieses so begehrten Speisepilzes gefunden zu haben. Bereits im Mai haben sie Saison und im September kommen sie wieder, oft bis Ende Oktober. Im Dezember werden sie auf den Märkten nochmals frisch angeboten, häufig stammen sie dann aus Südafrika, wohin sie vermutlich mit Parkbäumen eingeschleppt wurden.

Steinpilze werden oftmals auch zum Rohverzehr angeboten. Dennoch sollte man vorsichtig sein und die Menge nicht zu groß halten, denn einige Menschen haben eine Unverträglichkeit gegenüber den Eiweißstoffen, die die Steinpilze enthalten. Diese ist zwar bei anderen Röhrlingen teilweise noch stärker anzutreffen, aber man sollte Vorsicht walten lassen.

Eine wunderbare sommerliche Vorspeise, die dem Magen schmeichelt.

Steinpilze

in Öl

Hat man einen schönen Fund frischer, junger Steinpilze gemacht, so will man sie gerne etwas länger haltbar machen, um sie vielleicht etwas später bei einem Essen mit Freunden genießen zu können. Neben Trocknen oder Einfrieren ist auch das Einlegen in Öl, wie wir es von den Champignons kennen, eine recht gute Möglichkeit.

Zutaten:

500 g junge, feste Steinpilze

300 ml milder Weinessig

125 ml Weißwein

2 EL brauner Zucker

1 TL Salz

Für den Sud:

2 Zweige Estragon

2 Lorbeerblätter

1 TL Koriandersaat

1 TL schwarze Pfefferkörner

2 TL weiße Senfkörner

Zum Einlegen:

ein frisches Lorbeerblatt

die Nadeln von einem kleinen Rosmarinzweig

2 Zweige frischen Thymian

einige Blätter frischen Oregano

Olivenöl zum Auffüllen

Zubereitung:

1. Die Steinpilze trocken putzen, die kleinen ganz lassen, die größeren grob zerschneiden. Nur junge Pilze verwenden, die noch helles, fast weißes Futter haben.
2. Wein und Essig mit zwei Zweigen Estragon, 2 frischen Lorbeerblättern, Koriander-Saat, schwarzem Pfeffer und weißen Senfkörnern, Salz und Zucker zum Kochen bringen und die Steinpilze 10 – 12 Minuten darin kochen. Noch gute zwei Stunden in dem Sud ziehen lassen und über Nacht mit einem sauberen Küchentuch bedeckt abtropfen und leicht trocknen lassen.
3. Am anderen Tag die Pilze in saubere Einmachgläser recht eng schlichten und ein frisches Lorbeerblatt, einige Nadeln frischen Rosmarin, ein paar Zweige frischen Thymian, und wenn es der Garten hat, auch noch einige frische Blätter vom Oregano dazwischen legen. Mit einem feinen Olivenöl auffüllen, es muss alles gut bedeckt sein. Die Gläser schließen und im Kühlschrank aufbewahren. So sind sie etwa 2 Wochen haltbar.
4. Will man sie noch länger haltbar machen, so sollte man sie 20 Minuten bei 125° C sterilisieren. Die Konsistenz der Pilze ist dann aber nicht mehr so fest.

Steinpilzrisotto

Zander

Zutaten:

Für das Risotto:

10 g getrocknete Steinpilze und etwa 200 g frische Pilze

200 g Risotto-Reis (Arborio-Reis)

2 Schalotten

30 g Butter

1 Glas – ca. 125 ml – Prosecco

500 ml Hühnerbrühe

100 ml Sahne geschlagen

3 EL frisch geriebenen Parmesan

Salz

Für den Fisch:

4 Zander-Filets

1 Glas Prosecco

20 g Butter

1 EL Olivenöl

Meersalz

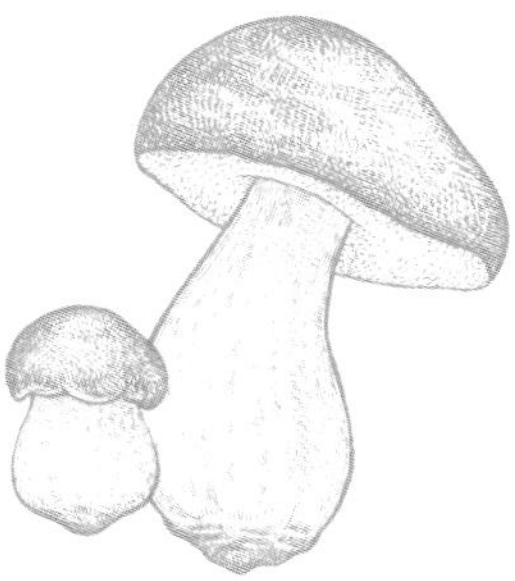

Zubereitung:

1. Die getrockneten Pilze eine gute halbe Stunde in 150 ml Wasser einweichen. In der Zwischenzeit die frischen Pilze putzen, ein paar schöne, etwa 4 mm dicke Scheiben zuschneiden, die später zur Dekoration obenauf gelegt werden, die restlichen Pilze würfeln und alles in Butter schön braun braten.
2. Die Zander-Filets waschen, trocken tupfen, auf eine Platte legen mit der Hautseite nach unten und mit einem Schuss Prosecco übergießen.
3. Den Hühnerfond zusammen mit dem Einweichwasser der Steinpilze kurz aufkochen, dann die Temperatur zurücknehmen bis kurz vor dem Sieden.
   Die aufgeweichten Steinpilze würfeln und mit zu den anderen Pilzen geben und mitbraten.
4. In einem Topf die Schalotten-Würfel in Butter anschwitzen, den Reis dazugeben, salzen und gut rühren, bis der Reis glasig wird. Dann mit dem Prosecco ablöschen. Schon kurz danach die ersten zwei Schöpflöffel Hühner-/Pilzbrühe aufgießen und unter Rühren die Flüssigkeit einkochen lassen. Nebenbei die Pilzscheiben aus der Pfanne nehmen und warm stellen und die Pilzwürfel mit unter das Risotto rühren. Wieder aufgießen, wenn die Flüssigkeit verkocht ist. Aufpassen und ständig wieder umrühren und so weiter verfahren.
5. Nebenbei kann man den Zander in einer Pfanne gar braten. Dazu die Filets trocken tupfen, salzen und in einer Pfanne auf der Hautseite in einer Butter-/Öl-Mischung anbraten. Das Risotto nicht vergessen! Immer wieder umrühren und aufgießen. Den Zander beobachten. Werden die Ränder der Fleischseite einen guten Zentimeter breit weiß, kann man ihn wenden. Sollte er sich nicht leicht vom Pfannenboden lösen, noch etwas braten lassen, nicht mit Gewalt vom Boden lösen. Auf der Fleischseite noch eine Minute garen, dann ist er fertig.
6. Nach 20 Minuten ist auch das Risotto nur noch zu vollenden. Die Platte ausschalten, den Parmesan unterrühren, eventuell noch ein kleines Stückchen Butter, muss aber nicht unbedingt sein, und die geschlagene Sahne.

Ein perfektes, cremiges Risotto lässt die Steinpilze noch mehr dem Zander schmeicheln.

Trompetenpfifferling

Bei uns ein Pilz für Kenner sind die Trompetenpfifferlinge. Man könnte sie ebenso den Waldpilzen zuordnen, denn sie sind meist in großer Zahl im späten Herbst überwiegend in Mischwäldern zu finden. In der Schweiz, in Frankreich und den Beneluxländern sind sie beliebte Marktpilze und haben auch längst die Spitzengastronomie erobert. Sie besitzen einen feinen, zarten Geschmack und eignen sich auch sehr gut zum Trocknen. Man kann sie sowohl als Mischpilze als auch für Einzelpilz-Gerichte verwenden.

Trompetenpfifferlinge

Reh | Topinambur

Es ist ein wunderbares Gericht für den Spätherbst, wenn die Trompetenpfifferlinge Saison haben.

Zutaten:

500 g Trompetenpfifferlinge

750 g bis 800 g Rehfleisch für Schnitzel geeignet, z. B. aus der Oberschale

600 g Topinambur

1 Glas 500 g Schattenmorellen

200 ml Milch

200 ml Sahne

1 Glas Burgunder oder anderen kräftigen Rotwein

2 EL alten Balsamico

2 EL brauner Zucker

Salz, Pfeffer, Muskat

1 Zweig Rosmarin

8 Wacholderbeeren

2 EL Öl

3 EL Butter

Zubereitung:

1. Die Topinambur schälen und aus zwei bis drei Knollen davon dünne Scheiben hobeln. Diese in der Fritteuse oder in der Pfanne in heißem Fett schwimmend ausbacken. Sie dürfen nicht dunkel werden, da sie sonst bitter schmecken. Auf einen Teller mit Küchenkrepp abtropfen lassen und mit Salz betreuen. Die restlichen Topinambur in einem Topf mit halb Sahne, halb Milch knapp bedeckt 10 Minuten kochen und mit dem Mixstab pürieren. Mit Muskat würzen und mit Salz abschmecken.
2. Das Rehfleisch gegen die Faser in Schnitzel schneiden und in einer Pfanne in 2 Esslöffel Öl und 1 Esslöffel Butter scharf anbraten, dabei einen Zweig Rosmarin und ein paar angedrückte Wacholderbeeren mit in die Pfanne geben. Eine Platte vorwärmen, das angebratene Fleisch salzen und pfeffern und im Ofen oder Speisenwärmer auf der vorgewärmten Platte 12 Minuten bei 80° C weitergaren. Den Bratensatz mit Burgunder ablöschen, die Morellen und eine Tasse des Morellensafts mit dazugeben, 2 Esslöffel alten Balsamico-Essig, ½ Teelöffel Salz und 2 Esslöffel braunen Zucker. Das Ganze vollkommen reduzieren, bis es dickflüssig wird.
3. Die Pfifferlinge in einer beschichteten Pfanne erhitzen und zuerst Wasser verlieren lassen. Da sie gerne in Moos wachsen und auch durch die Herbstnebel, haben sie meist viel Feuchtigkeit. Durch das Entwässern gewinnen sie noch an Aroma. Dann Butter dazugeben und noch weitere 8 Minuten braten, Mit Salz und Pfeffer würzen.

Perlhuhnbrust mit Trüffel

Kartoffel-Petersilienpü | Wildkräutersalat | Trüffelvinaigrette

Zutaten:

2 große Perlhuhnbrüste
1 Sommertrüffel
1 Schale Wildkräutersalat
Piment de Espelette
Salz
2 Petersilienwurzeln
6 – 8 mittelgroße Kartoffeln
200 ml Sahne
½ Liter Milch (etwa)
20 g Butter
75 ml mildes Pflanzenöl z. B. Erdnussöl
30 – 40 ml Weißwein, z. B. Grauburgunder
1 EL weißer Balsamico
1 kapper EL Zucker

Dem feinen Perlhuhn gebührt auch eine feine Behandlung, so wird ein Festschmaus daraus.

Zubereitung:

1. Die Perlhuhnbrust schön gleichmäßig zuschneiden, überstehende Hautteile glatt abschneiden, nicht wegwerfen. Die Trüffel in feine Scheiben hobeln und diese unter die Haut der Perlhuhnbrust schieben. Die Bröckelchen und Reste der Trüffel für die Vinaigrette aufheben. Die abgetrennten Hautteile in Streifen schneiden und in einer heißen Pfanne kross ausbraten. Aus der Pfanne auf Küchenkrepp ablegen.
   In dem heißen Fett die Perlhuhnbrust zuerst auf der Hautseite anbraten bis sie sich leicht vom Pfannenboden ablösen lässt, dann wenden und auf der Fleischseite kurz braten, mit Salz und wenig Piment de Espelette würzen und auf einer vorgewärmten Platte im Ofen bei 80° C 45 Minuten garen. Zwischenzeitlich durch Drücken den Garpunkt testen, denn je nach Dicke braucht sie etwas mehr oder weniger Zeit, um den idealen Garpunkt zu erreichen.
2. In der Zwischenzeit das Püree zubereiten. Dazu die Petersilienwurzeln schälen und klein würfeln, ebenso die Kartoffeln und beides mit Milch und Sahne gut bedeckt zum Kochen bringen. Einen krappen Esslöffel Salz noch dazugeben und 25 Minuten garen. Dann mit einem Mixstab gut zerkleinern, mit Salz abschmecken, ein kleines Stück Butter mit einschmelzen und eventuell noch durch ein Sieb streichen.
3. Die Vinaigrette zu dem Wildkräutersalat herstellen. Dazu die Trüffel-Reste wenn nötig noch zerkleinern und in einem milden, geschmacksneutralen Pflanzenöl, z. B. Erdnussöl, ganz leicht erwärmen. Salz, Zucker, einen runden Weißwein, z. B. Grauburgunder, und einen Löffel weißen Balsamico-Essig dazugeben und alles gut vermischen und abschmecken.
4. Die Perlhuhnbrust aus dem Ofen holen, die Hautstreifen noch kurz heiß machen und anrichten. Die Vinaigrette direkt vor dem Servieren nochmals mixen und über den Salat träufeln.

Trüffel

Taglionini

Zutaten:

300 g Mehl (Wiener Grießler)

3 Eier

3 EL Olivenöl

2 gehäufte EL Trüffel-Brunoise

2 EL Butter

Salz

Nach Belieben 1 Salbeiblatt oder Olivenkraut

Klassisch, einfach schnell und gut, besser geht's nicht.

Zubereitung:

1. Zuerst bereitet man einen klassischen Nudelteig. Man verknetet also recht zügig pro 100 g Mehl 1 Ei, einen Esslöffel feines Olivenöl und eine Prise Salz. Der Teig muss nun, in Frischhaltefolie verpackt, eine Stunde im Kühlschrank ruhen.
2. Die Trüffel gibt am meisten Geschmack, wenn sie in ganz feine Brunoise geschnitten ist. Dazu werden mit dem Trüffelhobel dünne Scheiben geschnitten, diese dann in feine Streifen und daraus die kleinen Brunoise.
3. Der Nudelteig wird mit der Nudelmaschine ausgerollt und in Taglionini geschnitten, die man zu Nestern auslegen kann. Diese kocht man in gut gesalzenem Wasser nur zwei Minuten. Dann werden sie mit einem Seihlöffel herausgeholt. Man lässt sie nicht ganz abtropfen, es soll noch etwas Restwasser daran bleiben. Es werden die Brunoise und die Butter dazugegeben und gut vermengt.
4. Wer will, kann noch ein ganz kleines Salbeiblatt mit durchrühren oder auch ein ganz klein wenig Olivenkraut. Es darf aber nicht den feinen Trüffel-Geschmack übertönen.

Trüffel

Das teuerste Lebensmittel der Welt wächst in der Erde und sieht recht unspektakulär aus. Der Kauf von Trüffeln ist Vertrauenssache. Ende Oktober findet in der Toscana jährlich eine große Trüffelbörse statt, erst danach macht es Sinn, Trüffel zu kaufen. Trüffelprodukte wie Trüffelöl oder Trüffelbutter sind besonders kritisch zu beurteilen, denn wegen des Preises sind diese Produkte vor Fälschungen nicht gefeit. Nicht selten wird mit künstlichen Aromen nachgeholfen.

Die teuerste Trüffelsorte ist die überwiegend aus dem Piemont kommende weiße Trüffel, die Alba-Trüffel. Sie hat ein besonders feines Aroma. Dicht gefolgt ist sie von der Schwarzen Trüffel, auch Perigord-Trüffel genannt, wegen ihres Vorkommens im Perigord. Ein sehr ähnliches Aussehen hat die Sommertrüffel. Sie liegt preislich auch in bezahlbareren Regionen, hat aber ein flacheres, oft an Knoblauch erinnerndes Aroma.

Trüffel müssen sehr kühl, um 0° C gelagert werden, um haltbarer zu sein und ihre Aromen nicht zu verlieren. Die Trüffel wird häufig auch roh über die Gerichte ganz fein gehobelt. Angesichts des Preises dürfte sich hier der Hinweis auf eine geringe Dosierung erübrigen.

Waldpilze

Waldpilze

Waldpilze

Pilzküchlein

Mischpilze

Ein strenges Rezept gibt es für dieses wunderbar schmackhafte Gericht eigentlich nicht. Ich bereite es immer dann zu, wenn in der Herbst-Pilz-Saison die Vielfalt der Pilzsorten im Sammelkorb besonders groß ist. Die Pilze sollten auch relativ trocken sein, nach einem total verregneten Sommer gelingen die Küchlein nicht so fein. Besonders wichtig ist mir auch, dass ich eine schöne Portion Reizker dabei habe. Sie sind besonders schmackhaft. Das wissen leider auch die Maden und so kann man häufig nur kleine Teile davon ausschneiden und retten, was aber für dieses Gericht nicht schadet, denn die Pilze muss man ohnehin klein schneiden.
Ich hatte für die hier zubereiteten Pilzküchlein, wie schon erwähnt, Reizker, von denen geputzt und geschnitten etwa zwei Handvoll übrig blieben, eine Handvoll Herbsttrompeten, 4 große Pfifferlinge, einen festen mittelgroßen Steinpilz, von dem glücklicherweise nur wenig den Maden zum Opfer gefallen war, zwei feste, junge Maronenröhrlinge, 3 junge Kuhmaul und einen Leder-Täubling.

Zutaten:

Pilze wie vorstehend beschrieben

2 Karotten

1 Petersilienwurzel

2 Stangen Sellerie

3 große Blätter Petersilie mit Stielen

1 rote Zwiebel oder zwei bis drei Schalotten

2 Knoblauchzehen

2 – 3 EL Semmelbrösel oder Panko Mehl

1 EL Butter

2 EL Butterschmalz

Salz

Pfeffer

Zubereitung:

1. Die Karotten und die Petersilienwurzel mit der feinen Reibe zerreiben, die Stangensellerie in kleine Würfelchen schneiden, die Petersilienblätter und Stiele klein schneiden, eine rote Zwiebel oder 2 Schalotten klein würfeln, 2 Knoblauchzehen entkeimen und in winzig kleine Würfelchen schneiden.
2. In einer Pfanne auf mittlerer Stufe die Butter erhitzen und die kleingeschnittenen Pilze darin 7 Minuten braten. Dann den Knoblauch dazugeben und die Zwiebelwürfelchen. Die Pilzmischung in eine Schüssel geben, salzen und pfeffern, das geriebene und geschnittene Gemüse dazugeben und alles sehr gut vermengen. 2 Eier dazuschlagen, nochmals gut vermengen und mit zwei bis drei gehäuften Esslöffeln Semmelbrösel, ich nehme lieber Panko Mehl, den Pilzküchlein-Teig auf eine gut formbare Masse bringen. Waren die Pilze schön trocken, genügt manchmal auch etwas weniger Semmelmehl.
3. In einer Pfanne Butterschmalz erhitzen, aus dem Teig kleine Küchlein formen und im Butterschmalz kross ausbacken.

Als Beilage eignet sich ein frischer Salat.

Mischpilze

Kombiniert man verschiedene Pilze zu einem Gericht, so kann man dabei vorgehen wie bei der Zubereitung eines Gemüse-Eintopfes: Man stellt sich den charakteristischen Eigengeschmack der jeweiligen Pilze vor und stellt sie danach zusammen. Auch das unterschiedliche Gar-Verhalten ist mit abzuwägen. Die Funktion der Küchenkräuter für den besonderen Geschmack des Gemüseeintopfs können bei einem Mischpilzgericht sogenannte Würzpilze mit übernehmen.

Pilz-Flammkuchen

Mischpilze

Ein Gericht für Vegetarier, die intensiven Pilzgeschmack lieben. Je nach verwendeten Pilzen kann man natürlich auch für die Fleischesser gewürfelten Schinken mit auf den Kuchen legen. Ich habe hier im Spätherbst noch ein paar Totentrompeten, einen mittleren und einen kleinen Steinpilz, zwei Maronenröhrlinge, einen Butterpilz, ein paar Hallimasch, zwei große feste Pfifferlinge und zwei madenfreie Fichtenreizker gefunden. Sie haben gerade gereicht und einen sehr schönen schmackhaften Kuchenbelag ergeben.

Zutaten:

Gemischte Waldpilze wie oben beschrieben

2 große Schalotten oder 1 große Zwiebel

150 ml Sahne

2 Eigelb

Salz, Pfeffer

Für den Teig:

220 g Mehl

2 EL Öl

1 Eigelb

1 guter TL Salz

100 ml warmes Wasser

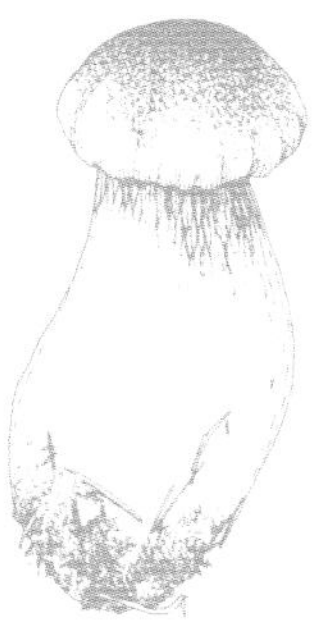

Zubereitung:

1. Zuerst den Teig zubereiten, denn der muss ½ Stunde bei Zimmertemperatur ruhen. Dazu das Mehl auf ein Brett sieben, Salz darüberstreuen, in die Mitte eine Vertiefung machen, das Eigelb und das Öl hineingeben und schon leicht vermischen. Das Wasser in Anteilen einarbeiten und den Teig gut durchkneten. Zum Ruhen eine Kugel formen und in einer Schüssel zugedeckt stehen lassen oder in eine Folie wickeln, er darf nicht trocken werden.
2. In der Zwischenzeit die Pilze putzen und in 4 – 5 mm dicke Scheiben schneiden. Die Zwiebel oder große Schalotte schälen, halbieren und ebenfalls in feine Scheiben schneiden. Die Sahne mit den Eigelben zu einer Royale verklöppeln.
3. In einer beschichteten Pfanne die Pilze bei relativ großer Hitze (Stufe 7–8) etwa 4 Minuten anbraten, es soll kein Wasser mehr austreten, die Pfifferlinge fangen da meist an zu quietschen. Dann wenden und die Zwiebelscheiben mit in die Pfanne geben und noch zwei Minuten weiterbraten.
4. Den Teig vierteln, zu vier Kugeln formen und wie einen Strudel- oder Pizzateig zu einem ganz dünnen Kuchen ausziehen. Wer nicht so geübt ist, kann ihn auch mit dem Nudelholz dünn ausrollen. Der Flammkuchen muss keine so gleichmäßige Form wie ein Kuchen haben. Auf ein Blech mit Backfolie legen und mit den Zwiebel- bzw. Schalotten-Ringen und den Pilzen belegen, mit Salz und Pfeffer würzen und die Royale mit einem Löffel über die Füllung geben. Sie soll nicht über den Rand ablaufen.
5. Im vorgeheizten Backofen im untersten Einschub bei 250° C 12 Minuten backen.

Wenn man möchte, kann man vor dem Servieren noch ein paar Röllchen frischen Schnittlauch darüberstreuen.

Boviste

Arme Ritter

Zutaten:

500 g junge, kleine Boviste

8 Weißbrotscheiben vom Vortag oder Toastbrotscheiben

2 Eier

200 ml Sahne

2 EL Öl

2 EL Butter

Salz

Frische Kräuter

Zubereitung:

1. Einen Tag alte Weißbrotscheiben oder Toastbrotscheiben in eine flache Schale legen, Ei und Sahne gut verquirlen und über die Scheiben gießen.
2. Die Boviste putzen. Am besten die dicke Schale abziehen, sie ist zwar essbar, aber wird leicht hart, sodass das weiche weiße Kügelchen hervorkommt.
3. In einer Pfanne in Öl die Boviste 10 Minuten goldbraun braten, anschließend salzen.
4. In einer weiteren Pfanne bei niedriger bis mittlerer Hitze die Butter schmelzen und die eingeweichten Brotscheiben darin ausbacken.

Zum Servieren kann man noch frische Petersilie und frischen Zitronenthymian oder sonstige Gartenkräuter dazugeben.

Boviste

Wenn man in einer schlechten Pilzsaison auch sonst kaum etwas findet, Boviste oder auch Stäublinge genannt, wegen des dunklen Sporenpulvers, das sie im Reifestadium versprühen, findet man auf einer Wiese oder am Waldrand doch meistens und dann auch gleich so viele, dass man zumindest ein kleines Gericht daraus zubereiten kann. Die Boviste sind auch sehr schmackhaft, ihr Duft und auch ihr Geschmack erinnern an Champignons. Sie sind aber nur zu genießen, wenn sie ganz jung sind, das heißt, sie sind fest und innen noch ganz weiß. Verwenden kann man weiße als auch leicht bräunliche Arten, wie den Wiesen-Bovist, den Flaschen-Bovist und auch den leicht bräunlichen Birnen-Bovist und ähnliche. Beim Putzen schäle ich die äußere Haut ab, das ist zwar etwas mühsam, aber man verhindert so, dass die Pilze zäh werden. Auf jeden Fall sollte man die um den Pilz anhaftenden Körner entfernen, sie stören beim Gericht. Am besten werden die Pilze mindestens zehn Minuten gebraten.

Sehr ergiebig ist natürlich der artverwandte Riesenbovist. Auch für ihn gilt, dass er fest und innen noch ganz weiß ist. Man kann ihn in Scheiben schneiden und als „Schnitzel des armen Mannes" braten.

Passt gut zusammen, denn Boviste kann man häufig noch in genügender Menge finden, wenn die Ausbeute bei der Pilzsuche nicht sehr erfolgreich war. Sie sind also gerne auch einmal eine Notlösung, genauso wie die armen Ritter, die bei knappen Vorräten doch oft noch zubereitet werden können.

Boviste

im Tomatenkörbchen

Bestens geeignet ist dieses kleine, erfrischendes Gericht für heiße Hochsommer- und Spätsommertage; als würden Boviste zu dieser Zeit extra dafür wachsen.

Zutaten:

500 g Boviste

4 große Fleischtomaten

½ oder eine kleine Gartengurke

2 Schalotten

½ Bund Petersilie

250 g Schmand

Salz, Pfeffer, Cumin, Chilli-Pulver

150 g Mehl – nach Bedarf etwas mehr

125 ml Bier

1 Ei

1 knapper EL Öl

Frittieröl oder Butterschmalz zum Ausbacken

Zubereitung:

1. Die Gurke entkernen und in winzige Würfelchen schneiden, die Schalotten fein würfeln, wenn man sie feiner will, kurz blanchieren, Petersilie klein schneiden, alles zum Schmand geben, Pfeffer, Salz und Cumin dazugeben, auch noch ein klein wenig Chilli-Pulver und alles zusammen gut vermischen und kühl stellen.
2. Den Bierteig zubereiten, dazu das Mehl mit dem Bier glatt anrühren, salzen und das Ei unterrühren. Es soll ein glatter, nicht zu dünnflüssiger Ausbackteig entstehen.
3. Die geschälten Boviste in wenig Öl in einer beschichteten Pfanne 8 Minuten braten. Währenddessen die Tomaten halbieren und etwas aushöhlen, dass man sie befüllen kann.
4. Die Boviste auf einem Küchenkrepp abtropfen, im Bierteig wenden und in der Fritteuse oder in einem Topf in heißem Butterschmalz ausbacken.
5. Die Tomaten auf den Schmand setzen und mit den Bovisten befüllen.

Krause Glucke

im Glas

Es ist eine ganz einfache Art, die Krause Glucke haltbar zu machen. Sie kann dann auf vielfältige Weise zubereitet werden, z.B. als Salat-Beilage zu einem Wild-Gericht, in einem Asiatischen Gemüse, leicht angebraten mit Ei oder als Pilzfüllung einer Gemüse-Frucht. Wie auch immer, der Fantasie sind keine Grenzen gesetzt. Die Krause Glucke behält ihre Bissfestigkeit und einen feinen Geschmack.

Die Zubereitung ist sehr einfach. Die allermeiste Arbeit bereitet das gründliche Reinigen und entfernen von Sand, Erde und Nadeln. Dazu lässt es sich meist nicht vermeiden, den Pilz zu zerteilen und nach guter Vorreinigung mit dem Brausekopf kräftig nachzuarbeiten. Danach die Pilzteile gut abtropfen lassen und mit Küchenkrepp noch trockentupfen. Mengenangaben sind hier schwierig, denn die Größe eines Pilzes ist sehr unterschiedlich.

Der gereinigte Pilz wird in 1cm dicke Scheiben geschnitten und die Scheiben werden in Einmachgläser gefüllt. Dann gießt man mit Fleischbrühe oder Gemüsebrühe auf und weckt die Pilze im Herd oder einem Einwecktopf bei 100° C oder „St" für Sterilisier-Temperatur 30 Minuten. Die Aufheizzeit, bis das Sterilisiergut die Temperatur erreicht hat, ist zu berücksichtigen. Meist sind bei den Arbeitsgeräten Angaben dazu zu finden.

Der Schwammerlspezialist Norbert Griesbacher (links) mit dem begeisterten Schwammerlsucher und Verleger Josef Roidl mit einer „kapitalen Krausen Glucke"

Nelkenschwindling

Lackpilz | Gartengemüse

Zutaten:

100 g oder auch mehr Nelkenschwindlinge

Ein paar lila Lackpilze, nicht zwingend nötig

1 l Gemüsebrühe

4 Kartoffeln

Buntes Gartengemüse:

Dazu eignen sich Wurzelgemüse, also Karotten, Petersilienwurzeln, Pastinaken, Knollensellerie, Rüben, was man so gerade zur Hand hat. Ich hatte gerade nur 1 gelbe und 3 orange Karotten.

Kohlgemüse, z. B. Kohlrabi, Blumenkohl, Brokkoli

Grüne Bohnen

Porree

Zubereitung:

1. Die Zubereitung ist sehr einfach, zuerst wird das Gemüse geputzt und in Stücke geschnitten. Von den Nelkenschwindlingen schneidet man die Stiele weitgehend zurück, da sie besonders von älteren Pilzen recht zäh werden.
2. In einem Topf die Butter schmelzen lassen und die Karotten und sonstigen Wurzelgemüse darin kurz anbraten. Mit Gemüsebrühe aufgießen, zum Kochen bringen und die weiteren Gemüse nach Garzeit dazugeben, das heisst, Kartoffeln zuerst, denn die müssen unbedingt gar sein, dann die Bohnen, die Kohlsorten, dann die Pilze, zuletzt den Lauch und die Petersilie. Auch Stangensellerie und ein Blatt Liebstöckl passen gut. Nicht so geeignet sind Beerengemüse wie Tomaten, Paprika, Gurken, Auberginen etc.
3. Gegebenenfalls noch Brühe ergänzen und nach gut 15 Minuten mit Pfeffer würzen und an einem Kartoffelstückchen testen, ob es schon gar ist. Meist genügt diese Zeit, sonst noch etwas ziehen lassen und schon kann man sich diesen vegetarischen Eintopf schmecken lassen.

Nelkenschwindling

Diese kleinen Pilze werden wenig beachtet, dabei haben sie so einen hervorragenden fleischigen Geschmack. Das wissen scheinbar auch die Maden, die sich leider nicht selten darin laben. Die dünnen Stiele sind meist recht zäh, weswegen man nur die Köpfchen verwendet.

Finden kann man die Nelkenschwindlinge häufig in Grüppchen auf gemähten Wiesen, auf Feldrainen oder auch auf Weidewiesen. Im hohen Gras kann sich der kleine Pilz schlechter durchsetzen.

Dieses Gericht ist die vegetarische Variante des Pichelsteiners. Der herrlich fleischige Geschmack dieser kleinen Pilzchen lässt selbst „fleischfressende Pflanzen" das Fleisch nicht vermissen. Die lila Lackpilze habe ich nur wegen der Optik und weil ich sie gerade gefunden habe mit dazugegeben. Sie haben einen leichteren Eigengeschmack und sollen auch nicht in größeren Mengen verzehrt werden, da sie nach neuesten Erkenntnissen etwas Blausäure enthalten.

Perlpilz-Lasagne

Zutaten:

Etwa 500 g Perlpilze

1 große weiße Zwiebel

2 Zehen oder ein Köpfchen Knoblauch

3 EL Butter

2 EL Mehl

200 ml Sahne

300 ml Milch

Salz, Pfeffer, Muskat

1 Packung Lasagne-Blätter

1 Mozarella oder 3 EL frisch geriebener Parmesan

Zubereitung:

1. Zuerst bereitet man die Pilzsauce. Die Perlpilze müssen natürlich von Schmutz, aber auch von der Haut befreit werden. Dann werden sie grob zerkleinert, nicht zu fein, da sie beim Braten noch recht zusammenfallen. Die weiße Zwiebel wird jedoch fein gewürfelt, ebenso der Knoblauch, den man auch vom Keim befreit. In einer Pfanne zuerst die Zwiebeln in Butter hell anschwitzen, dann den Knoblauch und die Pilze dazugeben und etwa 10 Minuten garen. Mit Salz und Pfeffer würzen.
2. In einem Topf 2 Esslöffel Butter schmelzen, sie darf nicht braun werden, dann 2 Esslöffel Mehl dazugeben, gut umrühren und unter Rühren 200 ml Sahne einlaufen lassen. Zum Kochen bringen und unter weiterem Rühren, damit nichts klumpt, 300 ml Milch darunterrühren. Mit Salz und Muskatnuss würzen und von der Herdplatte nehmen, denn die Sauce legt sich sehr leicht an.
3. In einer feuerfesten Form wird nun der Boden zunächst mit der Bechamel-Sauce bedeckt, dann legt man harte, ungegarte Lasagne-Blätter darauf, beschichtet sie mit der Pilzsauce, schichtet dann wieder Nudelplatten, dann weiße Sauce, dann Pilzsauce und so fort, als letzte Schicht sollte die weiße Sauce sein. Darauf streut man entweder zerzupften Mozarella oder geriebenen Parmesan.
4. Das Backrohr auf 200° C vorheizen, die Backform mit Alufolie bedecken und 10 Minuten im Rohr garen, dann die Folie abnehmen und noch 5 – 6 Minuten weitergaren, bis der Käse beginnt, braun zu werden.

Perlpilz

Nur wenn man sich ganz sicher ist, kann man Pilze zum Verzehr sammeln. Dies gilt ganz besonders für den Perlpilz, zeigt sich doch seine Verwandtschaft mit den tödlich giftigen Knollenblätterpilzen und dem Pantherpilz auch im ähnlichen Aussehen. Unterscheiden kann man ihn unter Anderem auch dadurch, dass er bei Verletzung seines Fleisches, natürlich durch Anschneiden, aber auch durch Madenfraß, rötlich anläuft. Er sieht dann fleischfarben aus, weshalb er in manchen Gegenden auch Fleischschwamm genannt wird.

Perlpilze kann man oft schon zur frühen Pilzsaison in größerer Anzahl finden, leider sind sie sehr häufig von Maden befallen. Die Pilze sind sehr zerbrechlich und sollten auch am gleichen Tag des Sammelns zubereitet werden. Die Huthaut ist beim Putzen abzuziehen, man sollte sie nicht mitkochen. Perlpilze dürfen keinesfalls roh verzehrt werden, sie sind giftig. Das Gift zerfällt aber beim Erhitzen, also unbedingt gut durchgaren.

Eine Lasagne aus Pilzen ist ein wunderbares vegetarisches Gericht. Perlpilze, die man zu Beginn der Pilzsaison oft in größeren Mengen finden kann, wo sie auch noch nicht so sehr von den Maden gefunden und verzehrt wurden, liebe ich da besonders.

Reizker

Vorspeise

Hat man mehrere Reizker gefunden, so lohnt es sich unbedingt, sie mit ihrem einzigartigen feinen Geschmack in einem Gericht alleine zur Geltung kommen zu lassen. In manchen Gegenden wird er mit dem Namen Herrenpilz bezeichnet, das kommt sicher nicht von Ungefähr.

Zutaten:

Pro Person 4 – 5 „gesunde" Reizker

Ebenso viele Schalotten, wie man Pilze hat

Ein paar Zweige frischer Thymian

Ein kleiner Zweig Rosmarin

2 – 3 EL Olivenöl

Meersalz

Zubereitung:

1. Die Reizker erst unmittelbar vor dem Zubereiten putzen und anschneiden, damit nicht zu viel von der orangeroten Milch austritt. Die Schalotten klein würfeln.
2. In einer Pfanne Olivenöl erhitzen, milde Hitze, Stufe 5 – 6, ein paar Zweige frischen Thymian und einen kleinen Zweig Rosmarin zum Aromatisieren mit hineingeben und die Reizker auf jeder Seite 3 – 4 Minuten braten. Dann die Schalotten-Würfel mit dazugeben, glasig werden lassen und mit Meersalz bestreuen.

Reizker

Diese wunderbaren Herbstpilze, die oftmals an grasbewachsenen Waldwegen gruppenweise auftreten, besitzen einen ganz exzellenten, eigenen Geschmack, sehr würzig und doch mild. Diesem Geschmack verdanken sie vermutlich die Bezeichnung Herrenpilz, die sie in manchen Gegenden tragen. Sie eignen sich sowohl zur Zubereitung als Einzelpilzgericht wie aber, wegen ihres würzigen Geschmacks, auch zu Mischpilzgerichten. Wegen ihres festen, trockenen Fleisches sind sie besonders gut zu braten.

Beim Aufschneiden der Pilze tritt ein orangefarbener Milchsaft aus. Deswegen sollte man sie beim Sammeln nicht anschneiden, denn mit dem Milchsaft, den sie verlieren, verlieren sie auch an Aroma.

Reizker

Avocado | Kartoffelmousse

Der edle Reizker badet in der buttrig-sanften Kartoffelmousse, zu dem sich die in die mildsamtige Avocado eingehüllte Petersilie und Frühlingszwiebel gesellen.

Zutaten:

10 bis 12 Reizker

5 Stiele Petersilie

2 kleine, zarte Frühlingszwiebeln

2 Hass-Avocados

Saft von ½ Limette

500 g – 600 g mehlig kochende Kartoffeln

200 g Butter für die Kartoffelmousse + 50 g weitere Butter zum Nacharbeiten und für die Butter/Öl-Mischung zum Braten der Pilze

1 knapper EL Rapsöl

100 ml Milch

50 ml Sahne

Salz, Fleur de Sel, Muskat

Wenn gewünscht Piment de Espelette

Zubereitung:

1. Pellkartoffeln in gut gesalzenem Wasser 30 Minuten kochen, abseihen, schälen und sofort noch heiß durch die Kartoffelpresse drücken. Die Butter, in Teile geschnitten, damit sie schnell schmelzen kann, dazugeben, einen Teil der heißen Milch-Sahne-Mischung, Salz und Muskat durch ein Sieb streichen. Hier ist sehr zügig zu arbeiten, das Püree heiß bleibt, nur so bekommt es seinen wunderbaren Kartoffel-Buttergeschmack und lässt sich mit weiterer Butter und Sahne in seiner Konsistenz nachjustieren.
2. Petersilie ganz kurz, etwa 1 Minute, in heißem Wasser blanchieren und mit Küchenkrepp abtupfen. Petersilie und Frühlingszwiebeln klein schneiden. Die Avocado aufschneiden, vom Kern befreien, mit etwas Limettensaft beträufeln, mit dem Stabmixer zu Mus verarbeiten und die Kräuter und etwas Fleur de Sel einarbeiten.
3. In einer Pfanne eine Butter/Öl-Mischung erhitzen auf Stufe 7 und die von den Stielen getrennten Reizker darin von beiden Seiten braten. Wer gerne Schärfe will, kann noch eine kleine Prise Piment de Espelette darüberstreuen.

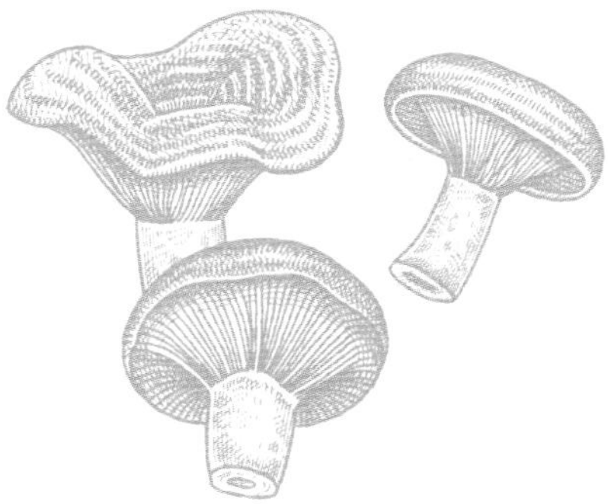

Ritterling

Burgunder | Rumpsteak

Zutaten:

6 – 8 Rötelritterlinge

4 Rumpsteaks a 200 g

6 – 8 Schalotten

2 Zweige Salbei

150 ml Rotwein oder Portwein

300 ml Rinderfond

3 EL Rapsöl

5 – 10 g Butter + 35 g kalte Butter

Pfeffer

Salz

Zubereitung:

1. Die Rumpsteaks in heißem Öl anbraten, salzen und pfeffern und bei 160° C Umluft 10 Minuten im Ofen garen.
2. In derselben Pfanne weiterarbeiten. Zuerst die Schalottenwürfel kurz anbraten, die Salbeiblätter zugeben und mit Burgunder oder rotem Portwein ablöschen. Die Brühe mit angießen und auf etwa ein Drittel reduzieren lassen.
3. Inzwischen in einer weiteren Pfanne die in Streifen geschnittenen Ritterlinge in einer Öl/Butter- Mischung (1 EL Öl u. 5 – 10 g Butter) bei mittlerer Hitze braten. Dann die Salbeiblätter aus der Sauce nehmen und die Sauce durch Einrühren von kalten Butterstückchen binden.
4. Die Steaks aus dem Ofen nehmen, die Sauce abschmecken, die Pilze in die Burgunder-Sauce geben und anrichten. Eine schöne Beilage dazu sind selbstgemachte Spätzle.

Ein kräftiges Gericht, das man nach anstrengender Herbstarbeit im Garten, bei der man vielleicht auch noch die schönen violetten Ritterlinge gefunden hat, gut vertragen kann.

Butterpilz

Curcuma-Ragout

Ein einfaches Gericht aus den Butterpilzen, die man, so man sie findet, oft recht zahlreich in seinem Sammelkorb nach Hause trägt. Curcuma erscheint vielleicht ungewöhnlich, erfüllt hier jedoch gleich mehrere Funktionen: Es gibt einen besonderen Geschmack, ein schönes Aussehen durch die gelbe Farbe und macht die nicht so leicht verdaulichen Butterpilze bekömmlicher.

Zutaten:

500 g Butterpilze

2 – 3 Schalotten

1 Strauch Mangold

Wenn zur Hand
1 Curcuma-Wurzel

1 EL Butter + ein weiterer zum Ausbacken der Pfannkuchen

Curcuma-Pulver

Pfeffer aus der Mühle

Salz

Für den Teig:

500 ml Milch

250 g Mehl

4 Eier

Salz

Zubereitung:

1. Butterpilze putzen, dabei unbedingt die graue Huthaut abziehen, in Scheibchen schneiden. Schalotten klein würfeln und, wenn zur Hand, eine Curkuma-Wurzel schälen und in ganz dünne Streifchen schneiden. Alles in einer Pfanne in Butter bei milder Hitze garen, 12 bis 15 Minuten. Mit Curcuma, Pfeffer und Salz würzen. Meist sind die Pilze so nass, dass keine Flüssigkeit mehr zugegeben werden muss. Will man die Masse etwas flüssiger, so kann nach Belieben Sahne zugefügt werden. Dies kann man auch direkt vor dem Befüllen der Omeletts tun, sollte man das Ganze nochmals kurz erwärmen müssen.
2. Vom Mangold nur die grünen Blätter von den Stielen trennen und 2 – 3 Minuten in kochendem Wasser blanchieren. Sie sollen nicht mehr roh sein aber nicht allzu weich. Aus dem Wasser nehmen und abtropfen lassen. Die Stiele lassen sich zu einem anderen Gericht verwenden, wie z. B. Spargel oder als Gratin.
3. Aus Milch, Mehl und Eiern und etwas Salz einen Omelettteig bereiten, dabei das Mehl in die Milch einrühren und erst dann die Eier dazu, damit keine Klümpchen entstehen. Wer es ganz fein machen will, kann auch die Eier trennen und das Eiweiß leicht schaumig schlagen. Den Teig einige Minuten quellen lassen. In einer Pfanne die Butter erhitzen, nur mittlere, eher niedrige Stufe, den Teig mit einer Schöpfkelle eingießen, nicht zu dick, und auf beiden Seiten ausbacken.
4. Die Omelette mit dem Mangold belegen, das Pilzragout darauf füllen und halb einschlagen.

Hexenröhrling

Ei | Schabzigerklee

Zutaten:

Ca. 500 g Hexenröhrlinge (oder auch Steinpilze, Maronenröhrlinge, Goldröhrlinge)

4 Eier

100 ml Sahne

1 EL Butterschmalz

Salz

Schabzigerklee (alternativ Bockshornklee oder Currypulver)

Zubereitung:

1. Die Pilze putzen und in Scheiben schneiden. Dann in einer Pfanne in Butterschmalz gut anbraten.
2. Die Eier mit Sahne, Salz und Schabzigerklee verquirlen und nach etwa 10 Minuten Bratzeit über die Pilze gießen. Zwei bis drei Minuten unter Rühren wie ein Rührei zum Stocken bringen.
3. Auf vorgewärmten Tellern servieren und nach Belieben mit frischen Gartenkräutern, z. B. Petersilie, bestreuen.

Wie bei allen Röhrlingen ist darauf zu achten, dass sie gut gegart sind, so sind sie wesentlich bekömmlicher.

Röhrlinge

Die Röhrlinge sind meist sehr schmackhafte Speisepilze und haben für Pilzsammler den Vorteil, dass sich unter ihnen, im Gegensatz zu den Lamellenpilzen, nur wenige tödlich giftige Arten befinden. Das ist besonders der Satanspilz, der aber ganz bestimmte, feste Standorte hat. Der Gallenröhrling, der dem Steinpilz sehr ähnlich sieht und auch die Standorte mit ihm teilt, ist glücklicherweise nicht giftig, aber er verdirbt mit seinem stark bitteren Geschmack das ganze Gericht, sodass es nicht genießbar ist.

Die *Hexenröhrlinge* getrauen sich viele Sammler nicht zu nehmen wegen ihres roten Futters und auch des rötlichen Stiels; spätestens beim Anschneiden, wenn der Pilz sich tief dunkelblau verfärbt, bekommt so mancher kalte Füße. Der Kenner aber liebt diese Pilze, findet man doch häufig gleich mehrere, meist nicht von Maden befallen, aber mit einem recht guten, an den Steinpilz erinnernden Geschmack.

Steinpilze und Rotkappen, die begehrtesten unter den Röhrlingen, kann man zur Pilzsaison gut auf den Märkten finden, daher sind sie den Marktpilzen zugeordnet worden. Die recht häufig zu findenden *Maronenröhrlinge* sind sehr schmackhaft und eignen sich gut für Mischpilz-Gerichte und auch zum Trocknen. Ihr Fleisch bleibt aber beim Kochen nicht schön weiß wie das der Steinpilze. Beim Sammeln sollte man unbedingt darauf achten, dass sie nicht in der Nähe einer vielbefahrenen Straße wachsen, denn sie speichern besonders in ihrer Huthaut das giftige Schwermetall Cadmium.

Die *Butterpilze* und die *Goldröhrlinge* besitzen eine dicke, schleimige Huthaut, die vor dem Verarbeiten unbedingt abzuziehen ist. Bei Beiden verhält es sich so, dass man, wenn man sie findet, gleich mehrere in seinem Korb gesammelt hat, denn sie stehen selten alleine.

Röhrlinge

Wildschwein Nektarine

Zutaten:

2 Wildschweinfilets à 400 g

10 – 12 kleine Röhrlinge

500 g Kartoffeln, mehligkochend

100 g Hartweizengrieß

100 g Kartoffelmehl

1 Ei

2 Nektarinen, in Spalten geschnitten

½ l Gemüsebrühe oder Pilzfond

1 EL Rapsöl

25 g kalte Butter in Stücken für die Sauce + 1 knapper EL Butter für die Nektarinen

1 Glas ca. 125 ml Portwein

einige Späne Trüffel-Pecorino

Salz

Würzmischung für das Wildschwein:

2 TL grobes Meersalz

4 – 5 Wacholderbeeren, einige Nadeln Rosmarin

4 Körner Piment

8 Schwarze Pfefferkörner

etwas Zimt mit der Reibe abgerieben oder Pulver

Zubereitung:

1. Die Kartoffeln kochen, schälen und noch heiß durch eine Kartoffelpresse pressen.
2. Die kleinen Pilze in Gemüsebrühe oder, so man einen Pilzfond hat, darin etwa 10 Minuten kochen. Währenddessen den Knödelteig zubereiten. Dazu Grieß, Kartoffelmehl, Ei und Salz mit den durchgepressten Kartoffeln gut vermischen. In einem großen Topf Salzwasser zum Kochen bringen, Knödelchen um die vorgegarten Pilze formen und in das kochende Wasser einlegen. Die Temperatur zurücknehmen bis kurz vor dem Siedepunkt und die Knödelchen darin etwa 15 Minuten ziehen lassen. Sie schwimmen oben, wenn sie gar sind und können dann mit einer Schaumkelle herausgenommen werden.
3. Die Wildschweinfilets in einer Pfanne in Rapsöl rundherum anbraten. Eine Würzmischung im Mörser anreiben, die aus grobem Meersalz, Wacholderbeeren, Rosmarin, Piment, Schwarzem Pfeffer und etwas Zimt besteht. Die Filets darin wenden und im vorgeheizten Backrohr bei 120° C 25 bis 30 Minuten, je nach Dicke garen.
4. Den Bratsatz mit 1 Glas Portwein und 2 Schöpflöffeln der Gemüse-Pilz-Brühe ablöschen, etwas reduzieren lassen und kalte Butter-Stückchen zur Bindung einrühren. In einer weiteren Pfanne ganz feinen Zucker oder Puderzucker erhitzen, Butter dazugeben und die Nektarinen-Spalten darin ein bis zwei Minuten von jeder Seite glacieren.
5. Die Filets aus dem Herd nehmen, kurz ruhen lassen und mit einem Hobel feine Späne Trüffel-Pecorino darüberreiben.

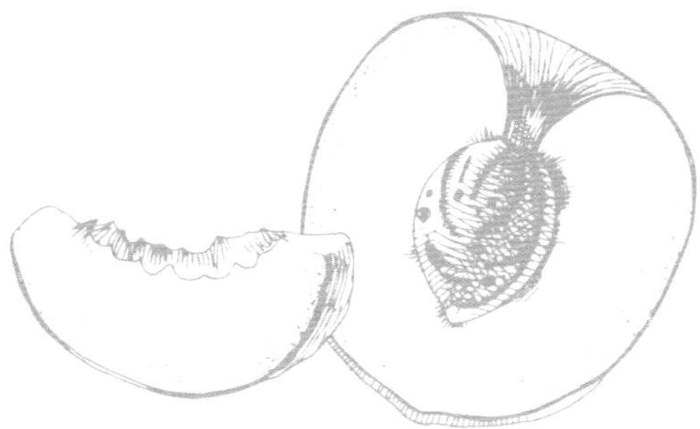

Kleine, junge Steinpilze oder wie hier Hexenröhrlinge, dickstielige Maronenröhrlinge oder Goldröhrlinge lassen sich schön in diesen Knödelchen verstecken und begleiten natürlich fein das Wildschweinfilet. Die Nektarinen sind zu der Jahreszeit vollreif und besonders schmackhaft. So bieten sie sich als fruchtige Komponente zu diesem Gericht geradezu an.

Schopftintlinge

paniert

Zutaten:

12 bis 16 kleine, noch ganz weiße Schopftintlinge

1 kleine Gartengurke oder ½ Schlangengurke

1 frische Chili-Schote

500 g Griechischer Joghurt

Meersalz

Pfeffer

Kreuzkümmel

Scharfes Paprika- oder Chili-Pulver

2 EL Mehl

2 EL Sahne

1 Ei

Mie de Pain oder feine Semmelbrösel

Öl oder Butterschmalz zum Ausbacken

Zubereitung:

1. Für den Raita-Dip die Gurke schälen, mit einem Kugelausstecher die Kerne entfernen und die Gurke der Länge nach in kleine Streifen und dann möglichst kleine Würfelchen schneiden. Eine Paprikaschote entkernen und ebenso in winzige Würfelchen schneiden. Das Joghurt dazu geben, mit Meersalz, Pfeffer und Kreuzkümmel würzen und alles gut zusammen vermengen.
2. 2 Esslöffel Mehl mit 2 Esslöffel Sahne und einem Ei zu einem glatten Teig verrühren und mit Meersalz, Pfeffer und ein wenig scharfem Paprika-Pulver oder Chili-Pulver würzen. Der Teig sollte nicht zu dickflüssig sein, damit sich die Pilze rundum darin gut wenden lassen. Die Pilze vorsichtig von den Stielen befreien, diese kann man anderweitig verwenden oder auch trocknen, dann im Ausbackteig und anschließend in feinem Semmelmehl, Mie de Pain, wenden.
3. In einem Topf schwimmend in heißem Öl oder Butterschmalz ausbacken oder auch in einer Fritteuse.

Die zu der Jahreszeit in voller Blüte stehende Kapuzinerkresse bildet nicht nur einen schönen Augenschmaus, ihr Kressearoma sowohl der Blüte als auch der kleinen Blätter passt wunderbar dazu. Wichtig: Nur als Gewürz verwenden, da allzuviel ihrer Schärfe den Magen reizt.

Schopftintling

Findet man Schopftintlinge, so empfiehlt es sich, nur die ganz jungen Exemplare, bei denen die Lamellen noch weiß sind, zu sammeln und möglichst schnell nach Hause zu transportieren.

Schopftintlinge sind sehr schmackhafte Pilze, die sich auch gut zum Verfeinern einer Sauce eignen. Beim Verzehr ist zu beachten, dass man nicht gleichzeitig oder bald danach Alkoholisches trinken sollte, weil der Abbau von Alkohol im Körper gehemmt werden kann. Dieses Phänomen tritt zwar in erster Linie bei dem nahe verwandten, aber wesentlich weniger wertvollen Faltentintling auf, kann aber auch beim Schopftintling vorkommen.

Ganz schnell verarbeitet müssen die Schopftintlinge werden, damit sie nicht schon im Korb zu schwarzer Tinte zerfließen. Um so verwunderlicher ist es, dass man die ganz jungen Pilze auch trocknen kann. Ihr feiner Geschmack entschädigt für die Mühen.

Frauentäubling

Zander

Der nussige Geschmack des Frauentäublings harmoniert wunderbar mit dem gebratenen Zanderfleisch.

Zutaten:

Ca. 500 g Frauentäublinge

2 Zander-Filets

2 EL Rapsöl

1 EL Walnussöl

1 EL Butter

2 Hand voll geschälte Walnüsse

1 grünes und 1 gelbes zartes Blatt vom Stangensellerie

Salz

Pfeffer

Zubereitung:

1. Die Täublinge putzen und von den leider sehr oft von kleinen Maden befallenen Teilen befreien. Den Zander waschen, trocken tupfen, in etwa gleich große Teile schneiden und auf der Fleischseite salzen.
2. In einer Pfanne 1 Esslöffel Rapsöl erhitzen und die Täublinge darin anbraten, salzen, wenden, Walnüsse und 1 Esslöffel Walnussöl dazugeben und weitere 6 bis 7 Minuten fertig garen.
3. In einer weiteren Pfanne die Zander-Teile auf der Hautseite in einer Öl-Butter-Mischung anbraten bis sich ein weißer Rand auf der Fleischseite gebildet hat und die Fischstücke sich ganz leicht, ohne zu kleben, vom Pfannenboden lösen. Dann den Fisch wenden und auf der Fleischseite noch 2 Minuten garen, so ist er perfekt.
4. Die Hautseite der Fische noch etwas salzen und pfeffern, auf den Pilzen anrichten und mit feingeschnittenem, zartem Grün unc Gelb von Stangensellerie bestreuen.

Täublinge

Eine sehr große Pilzfamilie der Lamellenpilze mit vielen verschiedenen Pilzarten bilden die Täublinge. Sowohl giftige als auch übel oder extrem scharf schmeckende und ebenso sehr fein schmeckende Speisepilze zählen zu ihren Mitgliedern. Da sie sich sehr ähnlich sehen und auch innerhalb der Farben gelb, rot, violett, braun oder weißlich sowohl essbare als auch giftige oder ungenießbare Arten existieren, sollte man beim Sammeln unbedingt jeden Täubling probieren und zwar wirklich jeden, da oft die giftige und die essbare Variante unmittelbar nebeneinander wachsen. Wichtig dabei ist, ein kleines Stückchen des Pilzes nur zu kauen und wieder auszuspucken, nicht hinunterschlucken. Die essbaren Pilze haben auch in rohem Zustand einen angenehm milden, leicht nussigen Geschmack auf der Zunge, die giftigen werden häufig sogar beißend scharf. Der Geruch alleine ist kein Kriterium und hilft nicht zu unterscheiden.

Der Beste unter den Täublingen ist der *grüngefelderte Täubling*. Von Pilzkennern wie leider auch von Maden sehr begehrt.

Weiterführende Literatur

Schwammerlsuche in Bayern
von Norbert Griesbacher
ISBN 978-3-95587-739-2

Ein weiterer ganz fein schmeckender Pilz ist der *Frauentäubling* (links unten). Wegen des trockenen Fleisches eignet er sich sehr gut zum Braten. Ebenso auch der *braune Ledertäubling* (rechts), manchmal auch Erdenschieber genannt, mit seinem wunderbar nussigen Geschmack.

Grüngefelderter Täubling

Mandel

Zutaten:

Grüngefelderter Täubling
Mandelblättchen
Butter
feines Meersalz

Diese Art der Zubereitung ist ganz einfach, sie unterstreicht das Aroma dieses Pilzes noch ganz besonders.

Zubereitung:

1. Die Täublinge in dünne Streifen schneiden, sie sollten nicht dicker als ½ cm sein, in Butter bei milder Hitze auf beiden Seiten braten, insgesamt 8 bis 10 Minuten, dann salzen.
2. In einer beschichteten Pfanne ohne Fett die Mandelblättchen rösten bis sie leicht Farbe angenommen haben. Dabei aufpassen, denn sie verbrennen recht leicht, besonders wenn man gerade einmal wegschaut.
3. Beides zusammenfügen und genießen.

Als Mengenangabe empfehle ich pro 100 g Pilze 2 EL Mandelblättchen, ein walnussgroßes Stück Butter und eine kleine Prise Salz.

Zumeist wird dieses Gericht nur zu einer kleinen Vorspeise, denn der grüngefelderte Täubling besitzt einen ganz hervorragenden, milden Geschmack und das scheinen auch die Maden zu wissen. So ist das, was man letztlich auf den Teller bringen kann, meist erheblich weniger als das, was man im Korb heimgetragen hat.

Veggie-Burger

Parasol

Zutaten:

4 schöne große Parasol-Pilze und evtl. noch vier kleine

4 Burger-Brötchen

2 große Fleisch-Tomaten

1 weiße oder rote Zwiebel

4 Blätter vom Kopfsalat

4 EL Zwiebel-Marmelade

2 EL Rapsöl

1 EL Butter

Salz

Pfeffer

Zubereitung:

1. Die Burger-Brötchen halbieren und in der Pfanne in ganz wenig Butter anbraten, herausnehmen und beiseitestellen. Die Salatblätter waschen und trocken tupfen, die Tomate in Scheiben schneiden, die Zwiebel in Ringe.
2. In die Brötchen-Pfanne etwas Öl Gießen und die Zwiebelringe darin anrösten. Auf einen Teller mit Küchenpapier legen und in die Pfanne gegebenenfalls etwas Öl nachgeben und 1 Esslöffel Butter und die Parasol-Hüte darin flach einlegen, auf beiden Seiten braten und mit Salz und Pfeffer würzen. Auch die kleinen Köpfe für das Topping noch braten.
3. Die Burger-Schichten: Zuerst ein Salatblatt, darauf eine Tomatenscheibe, dann den gebratenen Pilzhut, darauf ein paar Zwiebelringe und die Zwiebelmarmelade. Darauf setzt man den Deckel und als Häubchen habe ich noch einen kleinen gebratenen Parasol-Hut darauf gesetzt. Mit einem gekürzten Schaschlikspieß oder einem Sateh-Stäbchen werden die verschiedenen Schichten fixiert. Das Blättchen obenauf ist ein behaartes Schaumkraut, ein Unkräutlein aus dem Garten, das wie Kresse schmeckt und daher geschmacklich auch sehr gut passt.

Zwiebelmarmelade

Die Zwiebelmarmelade kann man fertig kaufen. Sie lässt sich auch leicht selbst herstellen. Dazu werden milde rote Zwiebeln oder große rote Schalotten gewürfelt, in Olivenöl gebraten, Honig oder braunen Zucker, Salz und Pfeffer dazugeben und mit rotem Traubensaft oder auch schwarzem Johannisbeersaft aufgießen und einkochen lassen, bis eine musartige Konsistenz entsteht.

Dieser Burger ist wirklich einfach und leicht selbst zu machen. Ein leckeres Abendessen oder eine kleine schnelle Mittagsmahlzeit.

Zuchtpilze

Zuchtpilze

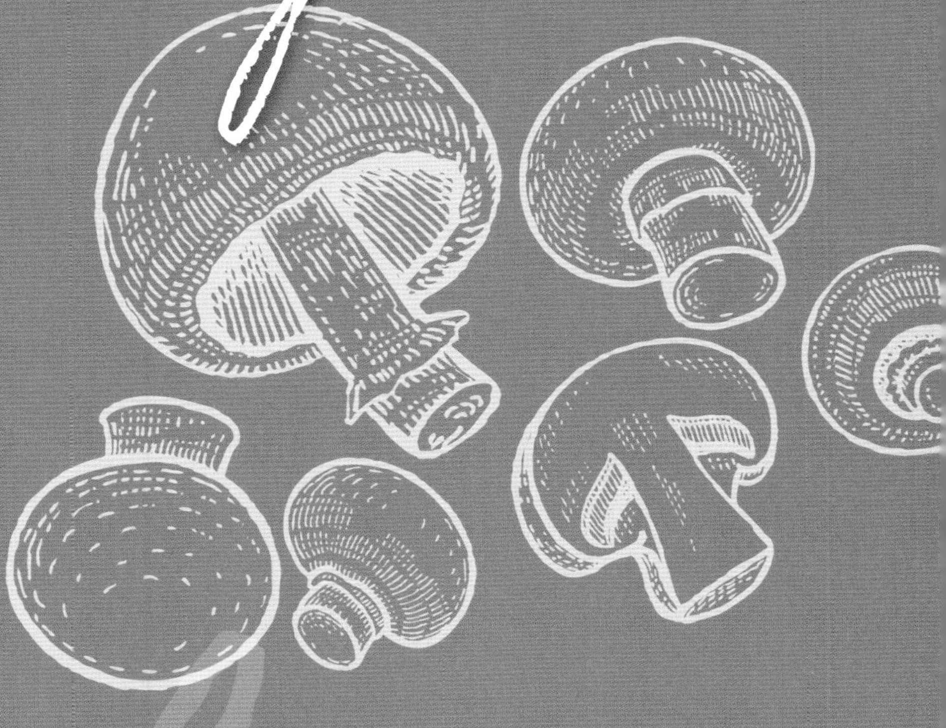

Zuchtpilze

Austernpilze

Forellenfilet | Veilchen

Zutaten:

400 g kleine Austernpilze

4 Forellenfilets

500 ml Geflügel- (oder Gemüse-) Brühe

300 ml Weißwein (Riesling oder Müller-Thurgau)

2 Schalotten

1 Stück Meerrettich-Wurzel

1 gehäufter EL Puderzucker

100 ml Sahne

100 g Butter

Ca. 30 Märzveilchen-Blüten

Schnittlauch nach Belieben

Eine schöne Vorspeise oder Zwischengericht; in die zarten Aromen der Pilze, des frischen Fisches und des leichten Weines fließt der Duft der Veilchen. Man kann den kaum vergangenen Winter noch schmecken, aus dem der Frühling mit Zartheit, Licht und Leichtigkeit hervorgeht und unseren Gaumen verwöhnt.

Zubereitung:

1. Die Forellenfilets waschen. Mit der Fingerspitze nach stärkeren Gräten tasten und diese mit einer Pinzette ziehen. Die Haut ablösen; dazu am Schwanzende einen kleinen Schnitt setzen, das Ende mit einem Küchentuch festhalten und mit einem scharfen Messer vorsichtig an der Haut entlangfahren.
2. Die Austernpilze vom Stock abschneiden und anhaftende Verunreinigungen abbürsten. Möglichst kleine Pilze verwenden, damit sie gar werden; größere Pilze kleinschneiden.
3. Die Schalotten schälen und klein würfeln. Die Butter in etwa 1 cm dicke Täfelchen schneiden und wieder kaltstellen.
4. In einem weiten Topf die Geflügelbrühe zum Kochen bringen und die Pilze darin 3 – 5 Minuten garen. Dann etwa die Hälfte des Weins zugießen und die Hitze wegnehmen. Wenn die Flüssigkeit nicht mehr sprudelt, sondern nur noch leicht simmert, die gesalzenen Forellenfilets einlegen. Je nach Größe 6 – 7 Minuten gar ziehen. Sobald sich die Filets weiß verfärben, zusammen mit den Pilzen herausnehmen und warmstellen.
5. In einer Kasserole lässt man den Puderzucker schmelzen, dabei darauf achten, dass er nicht braun wird. Sofort wenn er beginnt flüssig zu werden, die Schalotten-Würfelchen zugeben und kurz glasig schwitzen lassen. Mit dem restlichen Wein ablöschen und reduzieren lassen; dann noch zwei Schöpflöffel des Pilz-Fisch-Suds angießen und weiter reduzieren.
6. Inzwischen den Meerrettich reiben, es sollten etwa 4 gehäufte Esslöffel voll feiner Späne sein. Die Sahne der Reduktion beifügen, kurz weiterkochen und anschließend mit einem Mixstab die Butterstückchen der Reihe nach einarbeiten. Je nach Bindung ist es gut möglich, dass nicht die gesamte gekühlte Butter benötigt wird. Den Meerrettich zugeben und die Sauce mit Salz und gegebenenfalls etwas Zucker abschmecken.
7. Zuletzt die Veilchenblüten zugeben und die Pilze mit dem Fisch und der Sauce anrichten. Wenn man möchte, kann man noch ein paar Schnittlauchröllchen über die Filets streuen.

Austernpilze

Brennnessel

Zutaten:

300 g Austernpilze und/oder Champignons

1 Küchenzwiebel

1 Knoblauchzehe

2 Tomaten

Frische Gartenkräuter, Kerbel und Petersilie

300 ml Gemüsebrühe

1 EL Butter, 2 EL Öl bzw. für vegan nur Öl

1 TL Speisestärke

Salz, Pfeffer

12 Brennnesseln, die oberen 10 bis 12 cm

Butterschmalz bzw. Pflanzenöl zum schwimmend Ausbacken

Für den Ausbackteig:

150 g Mehl

50 g Speisestärke

½ TL Salz

1 Ei

1 Glas Bier

Das Gericht kann vegetarisch oder vegan zubereitet werden.

Zubereitung:

1. Zuerst den Ausbackteig zubereiten. Für die vegetarische Variante mache ich gerne einen Bierteig. Dazu ein Ei trennen, das Eiweiß mit etwas Salz zu Schnee schlagen und das Eigelb mit dem Bier mischen und mit einem Schneebesen das Mehl klümpchenfrei einrühren, 10 bis 15 Minuten gehen lassen, dann nochmals aufrühren und den Eischnee einarbeiten. Mit Wasser oder Bier kann der Teig, sollte er zu fest sein, noch verflüssigt werden.
   Für die vegane Variante kann man einen Tempura-Teig herstellen.
2. Die Austernpilze – ich verwende hier gerne die festen Teile wie die Stiele und auch die Stiele von Champignons, sollte ich die Hüte für ein anderes Gericht geplant haben – würfeln und zusammen mit der gewürfelten Zwiebel und der klein geschnittenen, entkeimten Knoblauchzehe in Butter bzw. Pflanzenöl bei niedriger Hitze anbraten.
   Die Tomaten einritzen, den Strunk herausschneiden und kurz in Gemüsebrühe blanchieren, in Eiswasser abschrecken, enthäuten und in Filets schneiden. Die Gemüsebrühe zu den Pilzen geben und kurz köcheln lassen. Mit Salz und Pfeffer abschmecken und mit ein wenig Speisestärke, die man in einem kleinen Schälchen in Wasser anrührt, abbinden. Zuletzt die klein geschnittenen frischen Kräuter und die Tomatenfilets unterrühren und vom Feuer nehmen.
3. Zum Ausbacken das Öl oder Butterschmalz erhitzen, den Teig nochmals kurz durchrühren, die Brennnesseln durchziehen und ausbacken.
   Auf Küchenkrepp abtropfen lassen. Wer eine Fritteuse besitzt, kann es natürlich auch darin machen.

Vegane Variante:

Entweder Tempura-Fertigmischung und nach Anweisung

oder 100 g Mehl

100 g Speisestärke

1 Päckchen Backpulver

½ TL Salz

125 ml eiskaltes Wasser

Die Saison der Brennnessel, in der sie auf unseren Tellern nicht nur ein sehr gesundes Gemüse sondern auch sehr schmackhaft ist, ist sehr kurz. Im April ist sie noch so schön zart, dass sie zu einem absoluten kulinarischen Genuss führen kann. Auch Austernpilze oder Champignons begleitet sie gerne.

Austernpilze

Brennnessel | Giersch

Hier funktioniert das Gericht umgekehrt wie Rezept S. 98, nicht die Brennnessel wird paniert und ausgebacken, sondern die Pilze. Dieses wunderbare Frühlingsrezept schmeckt köstlich und man kann gleich die Frühjahrskur damit verbinden, denn Brennnessel und Giersch entschlacken den Körper, haben sehr viele Vitamine, besonders C, und die Pilze sorgen für genügend Eiweiß bei dem Gericht.

Zutaten:

Zarte Brennnesseltriebe, 10 bis 12 cm lang

Zarte Gierschblätter mit Stielen, beides etwa zu gleichen Teilen ein 5 l Eimerchen voll

1 Bund Bärlauch

400 g Austernpilze mit möglichst großen Hüten

Mehl, Ei, Semmelbrösel oder Panko-Mehl zum Panieren

3 EL Butterschmalz zum Ausbacken

¾ l Gemüsebrühe

25 g Butter, alternativ 50 ml Sahne

Muskat, Pfeffer, Salz

Zubereitung:

1. Brennnessel und Giersch waschen und 2 Minuten blanchieren. Dann in Eiswasser geben, ausdrücken, grob zerschneiden und im Mixer pürieren. Den gewaschenen Bärlauch mit dazugeben und mit zerschneiden lassen.
2. Von den möglichst großen Austernpilzen die Stiele so abschneiden, dass man eine einigermaßen gleichmäßige Form zum Panieren hat. Die Pilzhüte salzen und wie ein Schnitzel in Mehl, verklöppeltem Ei und Semmelbrösel oder Panko-Mehl, das bäckt knuspriger, wenden und in heißem Butterschmalz goldbraun ausbacken. Zum Abtropfen auf Küchenpapier legen.
3. Die Brühe erhitzen und um ⅓ reduzieren, sie soll einen gut kräftigen Geschmack haben, mit Salz abschmecken. Das Gemüse in einen Topf geben, mit Pfeffer und Muskat würzen und die heiße Brühe angießen, bis die gewünschte Konsistenz erreicht ist. Ein Stückchen Butter unterrühren oder auch einen Schuss Sahne und gleich servieren. Möglichst nicht mehr aufkochen lassen, das tut besonders dem feinen Geschmack des Bärlauchs nicht gut.

Austernpilze

Kalb | Süßkartoffel

Eine wunderbare Geschmacksharmonie bilden Austernpilze mit Kalbfleisch. Die beiden zu einem Geschnetzelten zu vereinen, kann ja nur den Gaumen glücklich machen.

Zutaten:

2 mittelgroße Süßkartoffeln, 1EL Olivenöl, Meersalz

600 g Kalbfleisch, am besten Nuss, Schnitzelfleisch oder Filet

600 g Austernpilze, nicht zu groß

4 Schalotten

4 gehäufte EL Speisestärke

2 EL Butterschmalz

1 EL Butter

200 ml Sahne

300 ml Kalbsfond

200 ml Weißwein z. B. Grauburgunder

Salz

Ingwerpulver

Pfeffer

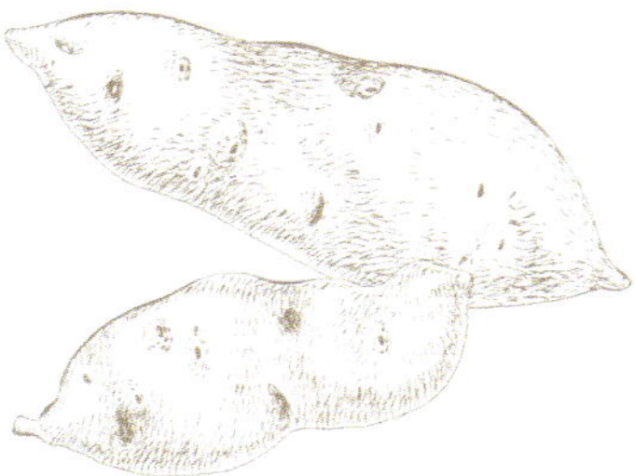

Zubereitung:

1. Den Backofen auf 190° C vorheizen. Die Süßkartoffeln mit einer Gabel mehrfach einstechen, mit Meersalz und Olivenöl einreiben und in Alufolie wickeln. Je nach Größe 80 – 90 Minuten im Ofen garen.
2. Das Fleisch in knapp 2 cm breite und 4 cm lange Streifen schneiden, mit Salz und Ingwerpulver würzen und in Speisestärke wenden. In einer Pfanne das Butterschmalz erhitzen und die Fleischstreifen darin kurz scharf anbraten. Dazu auf mindestens vier bis fünf Partien aufteilen, damit es schön kross wird und nicht zu kochen beginnt. Auf einem vorgeheizten Teller warmstellen.
3. Die Schalotten würfeln, die Austernpilze in ähnlich große Stücke wie das Fleisch schneiden und beides bei mittlerer Hitze in Butter braten. Mit Salz und Pfeffer würzen und nach etwa 10 Minuten die Sahne dazugeben.
4. Solange die Pilze braten, den Bratensatz der Fleischpfanne mit Weißwein ablöschen, etwas reduzieren lassen, dann den Kalbsfond zugießen und weiter reduzieren, bis nur noch knapp ein Drittel der Flüssigkeit übrig ist. Dann die Pilze und das Fleisch in die Sauce geben, die Pilzpfanne noch etwas mit Kalbsfond nachspülen, alles gut durchrühren und die Hitze wegnehmen. Sollte die Sauce nicht sämig genug geworden sein, so kann man etwas von der Stärke mit Wasser in einer kleinen Schale oder einer Tasse verrühren und zu dem Ragout gießen. Dabei nochmals kurz erhitzen, Die Stärke zieht sehr schnell an, meist ist, wenn überhaupt, nur wenig der Stärke nötig. Nochmals abschmecken, ob genügend gesalzen ist.
5. Schon kann man anrichten. Die Süßkartoffel aus der Folie nehmen und halbieren. Das Fruchtfleisch lässt sich sehr leicht mit der Gabel aus der Haut lösen. Diese könnte man zwar auch essen, sie ist leider recht strohig, im Gegensatz zur Schale der Kartoffel aber nicht giftig.

Ragout fin
von Austernpilzen

Zutaten:

für 4 Pasteten

400 g Austernpilze, davon 150 g für die Sauce

2 Schalotten

1 Zehe Knoblauch

¼ l Gemüsebrühe

¼ l Weißwein

1 großer EL Butter

200 ml Sahne

Salz, Pfeffer

Worcester-Sauce nach Belieben

4 Königin-Pasteten (gibt es fertig zu kaufen, kann man auch selbst backen, aus Blätterteig ausstechen)

Zubereitung:

1. Als Erstes bereitet man eine helle Pilz-Sahne-Sauce zu. Dazu werden die gewürfelten Schalotten, die in feine Scheibchen geschnittenen Knoblauchzehen und die klein geschnittenen Austernpilze (für dieses Gericht kann man die abgeschnittenen Stiele mit verwenden und noch die weniger schönen Exemplare, so dass man insgesamt knapp die Hälfte der Gesamtmenge dieses Rezeptes hat) in Butter angebraten und die Sauce wie im Grundrezept Seite 118 hergestellt.
2. Aus den Pasteten den Deckel vorsichtig heraustrennen. Den Backofen auf 120° C aufheizen und die Pasteten darin einige Minuten vorwärmen.
3. Inzwischen die restlichen Austernpilze in möglichst gleichmäßige Würfel schneiden, in etwas Butter anbraten und mit Meersalz und Pfeffer würzen.
4. Die Pilze in die Pasteten füllen, die helle Pilzsauce darüber gießen, so man will noch ein paar Tropfen Worcestersauce darauf tropfen, ein Scheibchen Trüffelkäse aufsetzen und nochmals kurz in den Ofen schieben. Nach 2 – 3 Minuten kann serviert werden.

Je Pastete ein kleines Scheibchen Trüffelkäse, er sollte einen hohen Trüffelanteil haben etwa 10 – 15%.

Austernpilze
(Austernseitlinge)

Nach den Champignons hat sich der Austernpilz als sehr beliebter Zuchtpilz bei uns eingebürgert. Auch er ist wie der Champignon inzwischen das ganze Jahr über erhältlich. Als Wildform wächst er bei uns auf abgestorbenem Laubholz, Buchen, Eichen, Pappeln, und zwar besonders im Winter, er will es kalt. Sein Geschmack ist voll fleischig und eignet sich besonders gut als Begleiter zu Kalbfleisch oder auch zu feinem Rindfleisch. Er ist sehr bissfest und kann absolut auch das Fleisch in vegetarischen oder veganen Gerichten ersetzen. Wichtig ist, dass er gut gegart werden sollte.

Buchenpilze

Die Buchenpilze zählen in Japan mit zu den beliebtesten Speisepilzen. Als Zuchtpilze haben sie vermutlich von dort ihren Weg zu uns gefunden. Wie ihr Name schon sagt, bewohnen sie sehr gerne Buchenholz. In freier Natur sind sie bei uns eher selten zu finden. Sie tragen hier den Namen Holzrasling.

Die weißen und braunen Pilze unterscheiden sich geschmacklich nur wenig. Beide haben einen recht nussigen Geschmack. Die Farbe ändert sich beim Garen kaum. Man kann sie in Schälchen gezogen kaufen, sie sind so auch bei guter Kühlung absolut mehrere Tage, bis zu einer Woche haltbar.

Braune Buchenpilze

Dicke Bohnen

Zutaten:

1 kg grüne Saubohnen (Saison Mai bis Juli)

¼ l Gemüsebrühe

Je 2 Zweige frische Kräuter (Thymian, Bohnenkraut, Petersilie)

8 Stangen grüner Spargel

2 Schalen braune Buchenpilze

2 EL Butter, einer davon in kleinen kalten Stückchen

Salz, Pfeffer

Als Beilage 300 g bis 400 g kleine Kartoffeln (z. B. Bamberger Hörnchen oder Drillinge)

Zubereitung:

1. Die Bohnen werden zuerst aus ihren dicken Schalen geholt. Dann die Bohnenkerne 5 Minuten in Salzwasser kochen und in E swasser abschrecken. So behalten die feinen inneren Kerne ihre schöne grüne Farbe und man kann sie leicht aus der weißen Schutzhaut lösen. Dazu die Haut an einer Stelle etwas aufzwicken und die grünen Bohnen herausdrücken.
2. In einer Kasserole die Gemüsebrühe kochen, in die noch Kräuter zugegeben werden, besonders Thymian und wenn möglich Bohnenkraut; auch Petersilie passt dazu. Etwas reduzieren lassen, mit Salz abschmecken, die Kräuter herausnehmen und kalte Butterstückchen einrühren, dadurch wird das Sößchen etwas sämig.
3. Die Spargelstangen bis zur Hälfte schälen und schräg in 3 cm lange Stücke schneiden. Die Köpfchen der Buchenpilze abschneiden und zusammen mit dem Spargel kurz in Butter anbraten. Die Bohnen mit zugeben, mit Salz und Pfeffer aus der Mühle würzen und nochmals durchschwenken.
4. Schon kann man anrichten. Kleine Kartoffeln, als Pellkartoffeln zubereitet, begleiten das Gericht perfekt.

Keine Angst vor Dicken Bohnen. Auf diese Art zubereitet, geben sie nicht das sprichwörtliche Tönchen von sich und schmecken sehr fein. Die Buchenpilze passen ausgezeichnet dazu.

Buchenpilze

Blattspinat | Wachtelei

Zutaten:

Je zwei Schälchen braune und weiße Buchenpilze (Brown Shimey mushroom und White beach mushroom) kann man natürlich auch mit nur einer Sorte machen

16 – 20 Wachteleier

500 g Baby-Spinat

2 Zehen Knoblauch

2 EL Butter

60 ml Weinessig

Meersalz

Pfeffer aus der Mühle

Zubereitung:

1. Die Pilze aus den Zuchtschalen nehmen und das Substrat großzügig abschneiden, dass man schöne, gleichmäßige Pilzchen hat. Knoblauch schälen, den Keim aus der Mitte entfernen und ganz klein würfeln. Die Butter in einer Pfanne erhitzen und die Pilze zusammen mit dem Knoblauch darin bei mittlerer Hitze goldbraun braten. Das dauert maximal 5 Minuten. Mit ganz wenig Meersalz salzen.
2. In der Zwischenzeit einen Topf etwa zu einem Viertel voll mit Wasser zum Kochen bringen, die Wachteleier vorsichtig öffnen und einzeln in kleine Schälchen oder Schnapsgläschen gießen. Einen Teller mit einem Blatt Küchenkrepp bereitstellen und eine Seihkelle. In das kochende Wasser einen Schuss Weinessig geben und die Temperatur niedrig stellen, dass nur noch kleine Bläschen aufsteigen. Mit einem Kochlöffel oder der Seihkelle das Essigwasser kräftig aufrühren, dass sich ein Strudel bildet und die Eier hineingleiten lassen. Nach eineinhalb Minuten mit der Seihkelle herausnehmen und auf das Küchenkrepp legen. Es empfiehlt sich, immer nur jeweils vier Eierchen einzulegen, so gelingen sie besser.
3. Die Pilze aus der Pfanne nehmen, dabei möglichst viel der Butter zurücklassen, und kurz beiseitestellen. Den Baby-Spinat in der Pfanne bei milder Hitze zusammenfallen lassen, dabei mit Salz und Pfeffer würzen und in der Pfanne schwenken.
4. Die Pilze auf dem Spinat anrichten. Von den Wachteleiern eventuelle kleine Zipfelchen vom Eiweiß vorsichtig mit einem kleinen, scharfen Messer abschneiden und obenauf legen.

Der wunderbar nussige Geschmack der Buchenpilze kann sich in diesem einfachen und schnell zuzubereitenden Gericht besonders gut entfalten. Ersetzt man die Butter durch Kokosöl und die Eierchen ganz einfach durch ein paar Pilze mehr, so werden auch Veganer glücklich.

Gefüllte Eier

Champignons | Speck | Ei

Zutaten:

4 Hühnereier

120 g Champignons

100 g durchwachsener, geräucherter Speck

2 – 3 Schalotten je nach Größe

1 Knoblauchzehe

20 g Butter + 1 TL zum Braten der Wachteleier

4 Wachteleier

Salz, Pfeffer

Kresse oder Radieschensprossen zur Dekoration

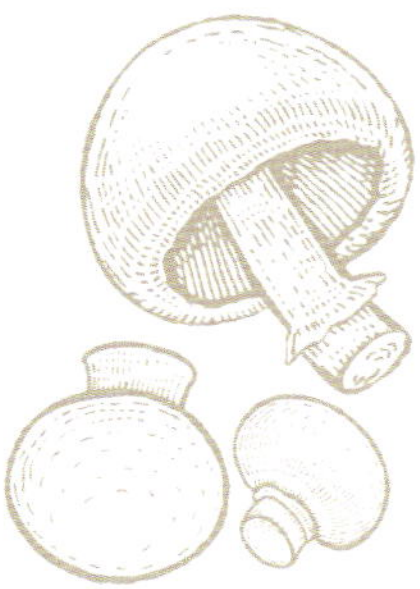

Zubereitung:

1. Die Eier mit einem feinen Sägemesser oder einem Ei-Kapper vorsichtig öffnen. Den Inhalt von zwei Eiern extra in einer kleinen Schüssel auffangen. Die leeren Eierschalen gut ausspülen und im Herd bei 60° C trocknen lassen.
2. Den Speck in stecknadelkopfgroße Würfelchen schneiden, ebenso die Schalotten und die Knoblauchzehe ganz fein hacken. Die Champignons ebenso so klein wie möglich schneiden und alles anbraten. Zuerst den Speck in die Pfanne und das Fett etwas ausbraten, dann die Schalotten und den Knoblauch und zuletzt die Champignons dazu und alles knapp 10 Minuten bei milder Hitze braten.
3. In einem großen Topf, auf den man eine Metallschüssel aufsetzen kann, Wasser zum Kochen bringen. Die separat gestellten Eier in der Metallschüssel mit einem Schneebesen gut verrühren und unter ständigem Rühren auf dem Wasserbad so lange wärmen, bis die Eier anfangen zu stocken. Sofort vom Wasserbad nahmen und die Butter in kleinen Teilen unterrühren. Mit Salz und Pfeffer würzen.
4. In einer kleinen Pfanne etwas Butter schmelzen lassen und die Pfanne zum Einlegen der Wachteleier wieder beiseite stellen. Die Wachteleier am dickeren Ende vorsichtig mit einem kleinen Küchenmesser aufschneiden und in die Pfanne gleiten lassen. Möglichst gleichmäßig verteilen. Die Pfanne wieder auf die Platte zurücksetzen und bei milder Hitze die Eier braten. Das geht recht schnell. Dann die Eierchen auf ein Brett gleiten lassen und mit einem kleinen runden Ausstecher, passend in die Öffnung der Hühnereier, ausstechen.
5. Nun die getrockneten Hühnereier füllen, zuerst mit der Speck-Pilz-Mischung, dann mit dem Rührei und obenauf das Wachtel-Spiegelei. Eine Radieschensprosse ziert das Ganze und passt auch vom Geschmack recht gut. Die Spiegeleier kann man auch gleich salzen, es sieht aber schöner, glatter aus, wenn man es lässt und das Salz separat reicht.

Eine schöne Überraschung, nicht nur für die Oster-Feiertage, sind diese gefüllten Eier, deren Inhalt das Wachtel-Spiegelei nicht sofort preisgibt.

Champignons

Artischocken | Mango

Zutaten:

750 g Champignons

8 bis 10 Schalotten

8 kleine oder 4 große Artischocken

1 Mango

2 EL Olivenöl

200 ml Weißwein (z. B. Grauburgunder)

500 ml Geflügelbrühe

2 Zweige Estragon

4 Zweige Thymian

1 Lorbeerblatt

1 – 2 TL Balsamico

1 – 2 kleine zarte Frühlingszwiebeln

Salz

Zubereitung:

1. Die Schalotten schälen und je nach Größe halbieren oder vierteln. Von den Artischocken die äußeren Blätter abziehen, mit einem großen Messer die Hüllblätter kurz über dem Blütenboden abschneiden und das Heu mit einem scharfrandigen kleinen Löffel oder einem Kugelausstecher herauskratzen. Die Artischockenböden muss man dann meist noch etwas von oben nach unten nachschälen. Die Stiele abschneiden. Bis zur Weiterverarbeitung sollte man sie in Zitronenwasser legen, da sie sehr schnell schwarz anlaufen.
2. Von den Champignons die Stiele abschneiden und die Huthaut abziehen. Die Mango schälen und vom Fruchtfleisch acht schöne, gleichmäßige Teile herausschneiden. Das restliche Fleisch vom Kern und evtl. noch aus der Haut kratzen und für eine Sauce bereithalten.
3. Die Artischocken und die Schalotten in einer tiefen Pfanne bei mittlerer Hitze in Olivenöl anbraten, nach 2 Minuten die Champignons mit dazugeben und noch zwei Minuten weiterbraten. Dann mit Weißwein ablöschen, den Weißwein reduzieren lassen und mit Geflügelbrühe angießen. Lorbeerblatt, Estragon und Thymian dazugeben und zuerst zugedeckt, ca. 10 Minuten bei milder Hitze kochen.
4. In der Zwischenzeit die Mango-Reste pürieren und die so entstandene Sauce mit Balsamico aromatisieren. Eine kleine zarte Frühlingszwiebel in Röllchen schneiden und beides zum Anrichten bereithalten.
5. Nach etwa 8 Minuten den Deckel vom Gemüse abnehmen und Lorbeerblatt, Thymian und Estragon wieder herausnehmen. Noch etwas Flüssigkeit verdampfen lassen und mit einer Gabel testen, ob die Artischockenböden weich sind. Dann die Hitze abschalten und die schönen Mangoteile mit dazugeben, damit sie etwas Temperatur nehmen können. Evtl. noch mit etwas Salz abschmecken. Zum Anrichten die Frühlingszwiebelröllchen und die Mangosauce über das Gericht geben.

Ein ganz herrliches Gericht, besonders im Sommer, leicht und fruchtig.

Champignons

mariniert

Zutaten:

500 g kleine Champignons

½ l Weißwein (z. B. Riesling, Silvaner, Veltliner)

125 ml milder Weißweinessig

1 EL Zucker

1 TL Salz

Ein oder zwei Zweige Rosmarin

3 Zweige Estragon

5 Zweige Thymian

1 TL Fenchelsaat

½ TL Koriandersaat

5 Körner Piment

5 Körner schwarzer Pfeffer

1 Blatt getrockneter oder 2 frische Blätter Lorbeer

Zum Servieren noch nach Bedarf Aceto Balsamico und feines Olivenöl

Zubereitung:

1. Zuerst wird der Sud zubereitet. Dazu die Gewürze Fenchelsaat, Koriandersaat, Piment Pfefferkörner und Lorbeerblatt in ein Säckchen geben und aus den Kräutern Thymian, Estragon und Rosmarin ein Sträußchen binden. Weißwein mit einem Esslöffel Zucker, einem Teelöffel Salz und je nach Säure noch mit einem milden Weinessig zum Kochen bringen und mit den Kräutern und Gewürzen zehn bis zwölf Minuten bei milder Hitze köcheln.
2. Die geputzten, gehäuteten Champignons dazugeben und drei Minuten weiterkochen lassen. Dann darin abkühlen und bis zum Servieren stehen lassen.
3. Zum Servieren auf einem Sieb nur leicht abtropfen lassen, mit Balsamico-Essig und einem sehr feinen Olivenöl beträufeln und ein paar Nadeln vom Rosmarin sowie zwei oder drei Zweige Thymian mit dazugeben.

Sie dürfen auf keinem Antipasti-Buffet fehlen; mit dem Aroma wunderbarer Kräuter und Gewürze lassen sie sich gerne umschmeicheln und haben so ihren eigenen Charakter in der Gemeinschaft ihrer umgebenden Speisen.

Champignons in Öl

Auch andere Pilze lassen sich so verarbeiten. Es sollten aber unbedingt sehr junge Pilze mit festem Fruchtfleisch sein.

Zubereitung:

Dazu werden die Champignons wie die marinierten Champignons zubereitet (siehe Rezept Seite 116). Man lässt sie noch einen Tag im sauren Sud durchziehen, bevor man sie abseiht und sehr gut abtropfen lässt. Anschließend werden sie in Gläser gefüllt und mit einem sehr guten Olivenöl (ich bevorzuge das Öl aus Kalamata-Oliven) völlig bedeckt.
So sind sie auch ein bis zwei Wochen im Kühlschrank haltbar. Wichtig ist, dass sie, wie auch bei Pesto, gut mit Öl bedeckt sind.

Helle Pilzsauce

Für diese Sauce kann man recht gut die für das Hauptgericht nicht verwendeten Stiele, zum Beispiel bei Champignons, und weniger schöne Exemplare, Bruchstücke etc. verwenden. Das Pilzfleisch sollte hell sein und auch nicht nachdunkeln, wie beispielsweise bei Rotkappen oder auch älteren Champignons oder Tintlingen, da die Sauce sonst eine unschöne graue Farbe bekommt. Diese Sauce unterstreicht noch den Pilzgeschmack des Hauptgerichts.

Zutaten:

150 g Pilzwürfel

2 Zehen Knoblauch geschält und entkeimt

2 oder 3 Schalotten, je nach Größe

ein guter EL Butter

125 ml trockener Weißwein

125 ml Gemüse- oder Geflügelbrühe

200 ml Sahne

Salz, Pfeffer

Zubereitung:

In einer Kasserole die Schalotten, den fein geschnittenen Knoblauch und die Pilzwürfel in der Butter hell anschwitzen, mit Weißwein ablöschen, die Gemüsebrühe hinzufügen und reduzieren bis auf ⅓ des ursprünglichen Volumens. Dann die Sahne zufügen, mit Salz und Pfeffer abschmecken, kurz aufkochen und mit einem Stabmixer pürieren. Sollte die Sauce zu dünn sein, kann man sie noch etwas reduzieren, sie zieht aber beim Abkühlen noch weiter an, also nur, wenn sie sehr dünn erscheint, noch etwas einkochen, lieber erst einmal abwarten.

Champignons

Kabeljau | Meerrettich

Es verwundert mich immer wieder, wie gut sich Fisch und Pilze miteinander vertragen. Hier könnte man meinen, Champignon und Kabeljau lieben sich.
Im Winter verwende ich besonders gerne den Skrei, den Winterkabeljau, er schmeckt besonders fein.

Zutaten:

8 Riesenchampignons, Portobellos

300 g weiße, kleine Champignons für die Sauce

500 g Kabeljau- oder Skrei-Filets

125 ml Weißwein

Zitronenabrieb von 1 Bio-Zitrone

Etwas Öl zum Bestreichen

Ein etwa 5 cm langes Stück einer Meerrettich-Wurzel

Salz

Zubereitung:

1. Die Kabeljaufilets in so große Teile schneiden wie die Riesenchampignons und in Weißwein mit etwas Zitronenabrieb marinieren.
2. Die Riesenchampignons, genannt Portobello, von den Stielen befreien und die schönen Stielteile für die Sauce zurücklegen. Die Huthaut abziehen und die schwarzen Lamellen mit einem Kugelausstecher oder einem kleinen Löffel mit einem scharfen Rand herauskratzen.
3. Aus den Stielen und den geputzten kleinen Champignons eine helle Pilzsauce wie Rezept Seite 118 zubereiten, man kann sie hier stückig lassen und muss sie nicht mit dem Mixstab behandeln. Man kann auch den Wein der Fisch-Marinade mit verwenden.
4. In einen Dampftopf Wasser füllen und auf den unteren Einsatz die Portobellos legen. Den zweiten, oberen Einsatz leicht mit Öl bestreichen, die Fischfilets aus der Marinade nehmen, salzen und auf den Einsatz legen. Beides zusammen 10 Minuten dampfgaren.
5. In der Zwischenzeit den Meerrettich frisch reiben, dabei auf Augenschutz achten, am besten eine Schutzbrille tragen. Kurz vor Ende der Garzeit den Meerrettich unter die Sauce mischen.
   Etwas Zitronenabrieb macht das Ganze noch frischer.

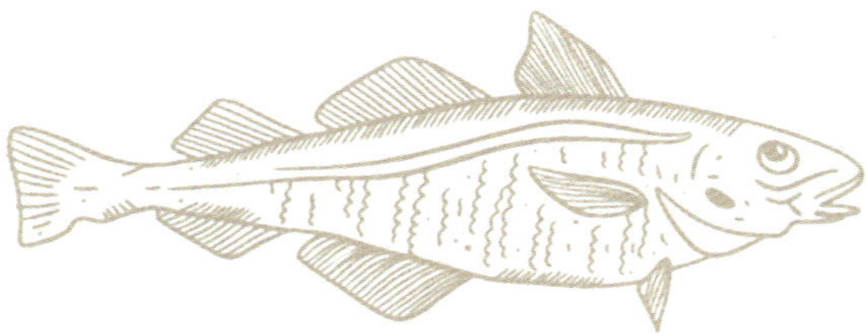

Champignons

Pasta | Trüffel

Die edle Trüffel lässt sich gerne von frischen Champignons begleiten und eine feine Pasta lässt sich von beiden gerne umschmeicheln und so umschmeicheln sie auch den Gaumen.

Zutaten:

400 g Champignons
2 Schalotten
1 Zehe Knoblauch
¼ l Gemüsebrühe
¼ l Weißwein
1 großer EL Butter
200 ml Sahne
200 g Conchiglioni
2 Tellerzwiebeln
4 Stangen grüner Spargel
400 g Kirschtomaten
Meersalz
20 g Trüffelkäse
1 schwarze (Perigord-) Trüffel

Zubereitung:

1. Die Champignons putzen, die Stiele abschneiden und aus den Stielen und einem Teil der Champignons, zusammen 150 g, eine helle Pilzrahmsauce zubereiten wie Grundrezept Seite 118.
2. Conchiglioni in reichlich Salzwasser noch gut bissfest kochen. Bei dem Abgießen einen Teil des Nudelwassers aufheben.
3. Die Champignons in der Butter auf beiden Seiten je 5 Minuten bei kleiner Hitze braten. Die Tellerzwiebeln schälen und in Viertel oder Sechstel schneiden und mitbraten. Gegen Ende der Garzeit den in Stücke geschnittenen grünen Spargel und die halbierten Kirschtomaten mit dazugeben und nur Wärme aufnehmen lassen.
4. Champignons, Gemüse und Conchiglioni in eine Schüssel geben; die Sauce mit dem Nudelwasser auf die gewünschte Konsistenz bringen und über das Gericht gießen. Zuletzt mit Trüffelkäse bestreuen und dünne Trüffelscheiben darüberhobeln.

Champignons sind auch die einzigen Pilze, die man roh in einen Salat geben kann. Hier entstehen sehr selten Unverträglichkeiten. Dennoch rate ich auch hier, die Menge nicht zu groß zu halten und noch besser, sie zu blanchieren. Alle anderen Pilze sollten nicht roh verzehrt werden.

Champignons

Sahne | Kerbel

Zutaten:

500 g weiße Champignons

1 weiße Küchenzwiebel

1 Knoblauchzehe

800 ml Hühner- oder Gemüse-Brühe

150 ml Crème fraîche

20 g Butter

1 großer Bund frischer Kerbel

20 g geschälte Mandeln

20 ml Olivenöl

100 ml Sahne

1 ml Pernot oder 2 ml Noilly Prat

Meersalz

Muskat

Zubereitung:

1. Die Champignons putzen und in Scheiben schneiden; ich ziehe immer die Huthaut ab, so sind sie völlig sauber und es stört mich nicht, dass sich im Zucht-Substrat oftmals Mist befindet; auf diese Weise sind seine Spuren gründlich beseitigt. Die Zwiebel würfeln, die Knoblauchzehe schälen, vom Keim befreien und in kleine Scheibchen schneiden.
2. Zwiebelwürfel, Champignons und Knoblauch in der Butter bei niedriger bis mittlerer Hitze anschwitzen, noch bevor sie braun werden, mit Mehl bestäuben und mit der Geflügel- oder Gemüsebrühe angießen und etwa 20 Minuten kochen.
3. In der Zwischenzeit bereite ich das Kerbel-Mandel-Pesto. Dazu gebe ich die Mandeln, den grob vorgeschnittenen, trocken getupften Kerbel – einen kleinen Teil für die Sahne und zur Dekoration übrig lassen –, das Olivenöl und etwas Salz in einen Blitzhacker und verarbeite es zu einer Paste.
4. Einen kleinen Teil des Kerbels schneide ich sehr fein, gebe ihn zur Sahne, aromatisiere die Sahne noch mit ein paar Tropfen Pernot oder, wem der Fenchel-Geschmack zu intensiv ist, Noilly Prat und schlage die Sahne steif.
5. Die Crème fraîche zur Suppe geben, ein klein wenig Muskat hineinreiben und mit dem Stabmixer die Suppe pürieren, dabei schäumt sie auch schön auf, und in Teller anrichten. Einige Mokka-Löffelchen des Pestos dazugeben und das Sahne-Häubchen aufsetzen.

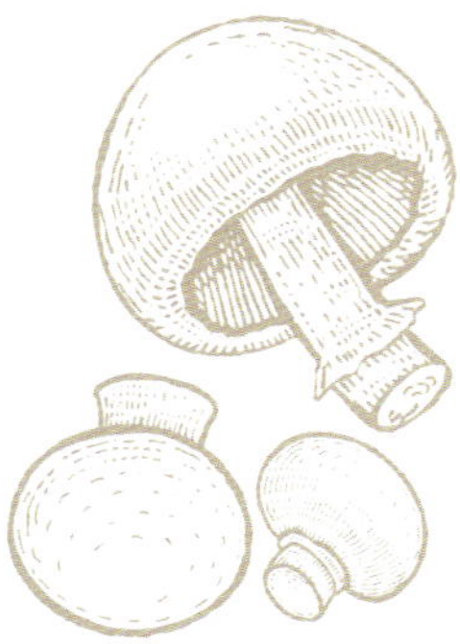

Wenn sich die Aromen der Produkte harmonisch miteinander verbinden und gegenseitig tragen, so macht das den Koch und den Genießer glücklich.

Champignons

Scamorza | Spinat

Die schön gewölbten Hütchen der Champignons eignen sich gut zum Füllen. Sie passen sich vielen Geschmacksrichtungen an. So kann man seiner Kreativität in der Küche freies Spiel lassen.

Zutaten:

750 g nicht zu kleine Champignons oder braune Egerlinge

500 g Babyspinat oder frischen Blattspinat

4 Schalotten

2 Zehen Knoblauch

4 kleine oder 1 großen Scamorza-Käse

1 EL Butter und noch etwa ½ EL zum Ausbuttern der Form

Salz

Pfeffer aus der Mühle

Zubereitung:

1. Die Champignons putzen und von den Stielen und der filzigen Innenhaut befreien. Den Spinat waschen und nur ganz leicht trocken schleudern. Die Schalotten klein würfeln und die Knoblauchzehen vom inneren Keim befreien und in ganz dünne Scheibchen schneiden.
2. In einer weiten Pfanne die Butter zum Schmelzen bringen, die Schalottenwürfelchen darin anschwitzen, den Spinat zugeben und zusammenfallen lassen. Mit Salz und Pfeffer aus der Mühle würzen und nochmals durchschwenken. Sollten die Spinatblätter etwas groß gewesen sein, so schneidet man noch grob durch, damit man besser füllen kann; bei Babyspinat ist das meist nicht nötig.
3. Das Backrohr auf 140° C vorheizen, eine feuerfeste Form mit Butter ausstreichen und die Champignons mit dem Spinat befüllen. Den kleinen Scamorza- Käse in drei Teile schneiden und auf die gefüllten Champignons verteilen. Die Champignons in die gefettete Form setzen und 15 Minuten backen. Sollte der Käse noch nicht weit genug geschmolzen sein, die Temperatur auf 100° C zurückdrehen und noch etwas weitergaren.

Dazu schmeckt besonders gut ein Baguette mit Tomatenbutter.

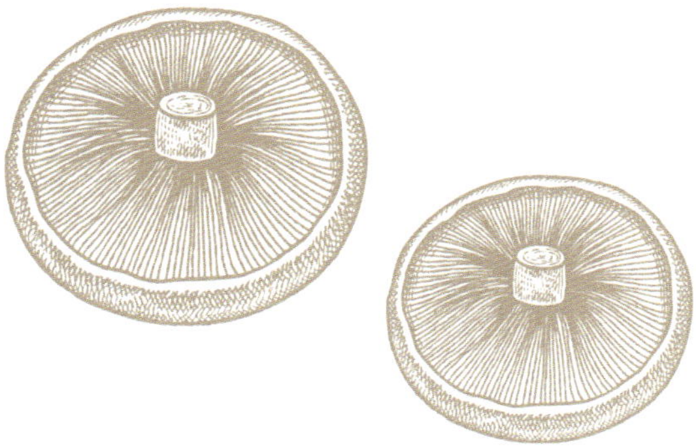

Tomatenbutter:

Zutaten:

250 g Butter

2 – 3 Tomaten

8 luftgetrocknete Tomatenstücke

1 EL Tomatenmark

grobes Meersalz

Zubereitung:

Nun verrate ich noch, wie man eine tolle Tomatenbutter macht: Dazu lasse ich ein Stück Butter (250 g) sehr weich werden. Ich enthäute zwei oder drei sonnengereifte Tomaten und schneide sie in Filets.

Die Kerne und den Glibber entferne ich. Dann nehme ich einen Löffel von der Butter ab und gebe sie mit den Tomatenstücken in eine Pfanne, wo ich das Ganze etwas reduzieren lasse, damit das Wasser den Tomaten entweicht. Ich schneide noch 8 luftgetrocknete Tomatenstücke klein und gebe sie mit dazu und 1 Esslöffel Tomatenmark, damit das Ganze eine schöne rote Farbe bekommt. Dann gebe ich die Butter und die Tomaten in einen Mixer, noch etwas feines Meersalz dazu und schön durchmixen. Voilà!

Das Rezept (nächste Seite) ist einfach, schnell gemacht, sehr schmackhaft und eignet sich auch gut einmal als Vorspeise. Auch diese Art der gefüllten Champignons lässt sich gerne, wie ihre mit Spinat gefüllten Geschwister, von einem Brot mit Tomatenbutter (Rezept Seite 127) begleiten.

Champignons

Speck | Bergkäse

Zutaten:

8 große Champignons (Portobellos)

2 mittelgroße Speisezwiebeln

200 g Geräuchertes (Dörrfleisch)

150 g würziger Bergkäse

Ca. 20 g Butter zum Einfetten der Förmchen.

Zubereitung:

1. Die Champignons von den Stielen, der wattigen Innenhaut und auch der Huthaut befreien. Die Zwiebeln schälen und würfeln, das Geräucherte ebenso in Würfel schneiden.
2. In einer Pfanne die Speckwürfel anbraten und im eigenen Fett leicht kross werden lassen. Dann die Zwiebelwürfel mit dazugeben und leicht goldgelb werden lassen.
3. Die Masse in die Champignons verteilen und diese in eine gefettete, feuerfeste Form setzen.
4. Ofen vorheizen, 160° C, den Bergkäse grob über die Champignons raspeln und knapp 15 Minuten im Rohr überbacken.

Champignons

Champignons erhält man mittlerweile problemlos während des ganzen Jahres als Zuchtpilze in verschiedenen Arten und Größen. Die braunen *Egerlinge* zählen ebenso dazu wie die großen *Portobellos*. Im Sommer bis Herbst findet man auch die Wildformen, meist auf Wiesen, in Parks, teilweise auch im Wald.
Ein Markenzeichen sind die anfangs hellrosa Lamellen, die sich mit zunehmendem Alter dunkel bis fast schwarz verfärben. Diese Farbe ist sehr intensiv und verfärbt das Gericht beim Kochen oder Braten, weshalb man nur ganz junge Pilze verwenden sollte oder, wie bei den Portobellos, die Lamellen entfernt. Auch die großen *Portobellos* haben ein Pendant das man oft auf Schaf- oder Ziegenweiden finden kann, den *Anis-Egerling*, der nicht selten Hüte von mehr als 15 cm Durchmesser hervorbringt. Er duftet, wie der Name schon sagt, beim Sammeln sehr stark nach Anis. Der Geschmack verschwindet aber beim Kochen und man hat einen sehr milden Champignon-Geschmack in seinem Gericht. Geschmacklich unterscheiden sich die braunen oder weißen Sorten kaum.

Champignons
Spitzwegerich

Zutaten:

200 g Champignons oder braune Egerlinge

75 g Spitzwegerich

1 l Gemüsebrühe

4 EL brauner Kandiszucker

Salz

Für die Omeletts:

100 ml Weißwein

100 g Mehl

1 Ei

Salz

Butter zum Ausbacken

Zubereitung:

1. Die Egerlinge putzen und in Scheiben schneiden. Den Spitzwegerich waschen, die Blätter in etwa 1 cm breite Streifen schneiden und die Knospen von den Stielen zupfen.
2. Die Gemüsebrühe aufkochen, Salz und braunen Kandiszucker darin auflösen, die weniger schönen Champignon-Reste kurz mitkochen, dann noch die Spitzwegerich-Knospen und -Streifen dazugeben und die Hitze abschalten, nur noch ziehen lassen.
3. In der Zwischenzeit den Omelettteig zubereiten; dazu ein Ei trennen und das Eiweiß mit etwas Salz leicht steif schlagen. Das Mehl mit dem Wein und dem Eigelb glatt anrühren, dann das Eiweiß noch einarbeiten. Etwas quellen lassen.
4. Inzwischen die Suppe abseihen, mit Salz noch abschmecken, 1 Teelöffel Butter dazugeben und mit den Champignon-Scheiben 7 – 8 Minuten leicht kochen.
5. In einer Pfanne aus dem Teig dünne Omeletts in Butter ausbraten und mit einer Pilzform die Suppen-Einlage ausstechen.

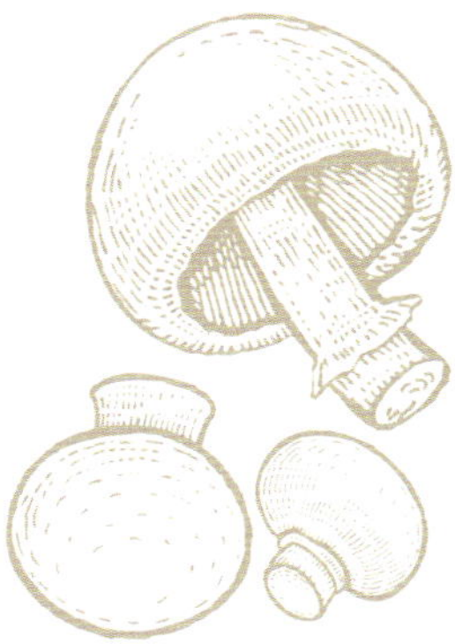

Bei dieser Suppe trifft man die Egerlinge gleich dreimal an. Zum einen visuell, indem sich die Einlage in ihrer Form den Pilzen angleicht, zum anderen geschmacklich, da eine Spitzwegerichsuppe mit geschlossenen Augen wie eine Champignonsuppe schmeckt. Die beste Sammelzeit für Spitzwegerich sind die Monate Juni und Juli.

Champignons

| Forelle | Zitrone |

Zutaten:

Pro Person 1 Forelle

1 Bund Petersilie

1 Zitrone, unbehandelt

150 ml Weinessig

300 ml Geflügel- oder Gemüse-Brühe

300 ml Riesling oder Silvaner

1 Lorbeerblatt

1 Gewürznelke

600 g Champignons

Salz

Pfeffer

Zubereitung:

1. Die Forellen waschen und vorsichtig trockentupfen, um die Schleimschicht nicht zu zerstören, die dem Fisch beim Garen die schöne Farbe gibt. Ein paar Petersilienzweige und eine Zitronenscheibe in den Bauch der Fische legen.
2. In einem weiten Topf, in den die Fische passen, den Sud bereiten. Dazu den Essig, die Brühe und den Weißwein erhitzen und Salz, Lorbeerblatt 1 Gewürznelke und zwei dünne Streifen Zitronenschale beifügen. Die Fische darin bei ganz milder Hitze 8 – 10 Minuten garen. Zum Test, ob sie schon durch sind, kann man vorsichtig an der Rückenflosse ziehen. Geht diese leicht heraus, ist dies das Zeichen, dass sie gar sind. Die Forellen aus dem Sud nehmen und abkühlen lassen.
3. Champignons putzen, die Stiele bis zum Hut zurückschneiden und die Pilze in gleichmäßige Scheiben schneiden. In dem Fischsud 3 Minuten blanchieren und mit einer Siebkelle herausnehmen, nur leicht abtropfen lassen.

Die Champignons können mit der Zitronensauce zu einem Salat gemischt oder auch getrennt serviert werden.

Zitronensauce:

1 Zitrone, unbehandelt

2 Eigelbe

1 EL süßer Senf

250 ml Olivenöl

Salz

Pfeffer

Die Eier trennen und die Eigelbe mit dem süßen Senf mischen. Dann langsam, in einem dünnen Strahl, das Olivenöl zugeben und mit einem Rührgerät oder Mixstab einrühren, wie man eine Mayonnaise macht. Den Saft und den Abrieb ½ Zitrone mit untermischen und mit Salz und Pfeffer abschmecken.

Eine herrliche Vorspeise oder auch ein kaltes Abend-Gericht, das sich mit einer Scheibe Weißbrot oder Toast zufriedengibt. Es lässt sich auch gut schon am Vortag zubereiten.

Enokitake

Trüffelbutter | Koriander

Zutaten:

2 Schalen Enokitake-Pilze

1 g bis 2 g Trüffel (Reste)

1 große Knoblauchzehe

75 g Butter

1 kleiner Bund Koriandergrün

Salz

Zubereitung:

1. Die Pilze vom festen Strunk abschneiden, die Trüffelreste in kleine Würfelchen schneiden, die Knoblauchzehe schälen, vom Keim befreien und in winzige Würfelchen schneiden.
2. In einer Pfanne die Butter schmelzen und die Trüffel- und Knoblauch-Würfelchen 3 – 4 Minuten darin ziehen lassen. Dann die Temperatur auf mittlere Hitze (Stufe 6) erhöhen und die Enokitake-Pilze weitere 2 Minuten darin erhitzen.
3. Alles leicht salzen und mit gezupftem, kleingeschnittenem Koriandergrün servieren.

So lassen sich die feinen Aromen der Trüffel und der Enokitake gegenseitig noch unterstreichen.

Enokitake

Bei uns wächst dieser Pilz mit dem Namen Samtfußrübling in Büscheln auf altem Holz, und zwar in den Wintermonaten. Er will Frost, um seine Fruchtkörper zu bilden.

In Ostasien wird er im Dunkeln in Flaschen gezüchtet, dadurch bleibt er rein weiß und bekommt sehr lange Stiele und nur ganz kleine Köpfchen. In dieser Form findet man ihn auch in der gehobenen und Sterne-Küche. Er hat einen zarten, ganz leicht nussigen Geschmack, ist wegen seiner Zartheit sehr schnell gegart und natürlich auch optisch eine Besonderheit.

Enokitake

in getauchtem Rinderfilet

Das geht recht schnell und ist eine Überraschung für Auge und Gaumen auf jedem Vorspeisenteller. Man kann es aber auch wie ein Fondue essen und eine schöne Remoulade dazu reichen oder auch eine Sherry-Sahne, wie wir das gemacht haben.

Zutaten:

1 Packung Enokitake-Pilze

200 g Rinderfilet

500 ml Rinderfond

200 ml Rotwein

1 EL Olienöl

1 Bund frischer Rosmarin

Salz, Pfeffer

Für die Sahne:

200 ml Sahne

10 ml Sherry

ein paar Rosmarin-Nadeln fein geschnitten

Zubereitung:

1. Rinderfond und Rotwein zum Kochen bringen und bei kleiner Flamme um etwa ⅓ reduzieren.
2. Das Rinderfilet in 3 mm dicke Scheiben schneiden und zwischen Frischhaltefolie, die mit ein paar Tropfen Olivenöl bestrichen wurde, zart flachklopfen.
3. Die Pilze unten zurückschneiden und in so viele Büschelchen aufteilen, wie es Fleisch-Scheiben geworden sind. Dann die Büschelchen mit dem Fleisch umwickeln und mit einem kleinen Rosmarinzweig leicht befestigen.
4. Die inzwischen reduzierte Brühe etwas mehr erhitzen, sodass sie leicht siedet, und mit Salz und Pfeffer abschmecken. Die Pilz-Fleisch-Bündelchen in die leicht kochende Brühe legen und sofort wieder herausnehmen, also nur tauchen; auf eine Platte legen und mit einem Löffel Suppe übergießen.

Wird das Gericht als Fondue gegessen, so taucht man die Bündel mit einer Fondue-Gabel in die Brühe und reicht dazu Weißbrot und eine Remoulade. Auch die Zitronen-Sauce auf Seite 134 oder eine mit etwas Sherry und kleinstgeschnittenem Rosmarin halbfest aufgeschlagene Sahne passen sehr gut dazu.

FINO

Enokitake

Lardo | Rote Bete

Zutaten:

1 Büschel Enokitake

1 rote Küchenzwiebel

2 Zehen Knoblauch

2 Knollen Rote Bete, vorgegart

400 g Risotto-Reis

200 ml Rotwein

1 ½ l Geflügel- oder Gemüsebrühe

2 EL Olivenöl

2 EL Butter

Salz

Pfeffer

nach Belieben etwas frisch geriebenen Meerrettich

150 g Lardo

Zubereitung:

1. Die Brühe erhitzen und die Zwiebel fein würfeln. Den Knoblauch schälen, den Keim herausnehmen und die Zehen in ganz feine Würfelchen schneiden.
2. Die Zwiebel- und Knoblauchwürfelchen im Öl anschwitzen und auch den Reis leicht mit anbraten. Mit Rotwein ablöschen, die fein gewürfelten Rote Bete zugeben und, sobald der Reis die Flüssigkeit aufgesaugt hat, eine große Schöpfkelle Brühe angießen und unter Rühren einkochen lassen. Immer wieder nachgießen und gut rühren, wie ein Risotto. Mit Salz und Pfeffer abschmecken.
3. Nach etwa 25 Minuten nimmt der Reis kaum mehr Flüssigkeit auf. Die Herdplatte ausschalten und testen, welchen Biss der Reis hat. Er sollte um das Korn herum schön cremig werden und dennoch Biss haben, nicht zu weich sein. Ist er noch zu körnig, so lässt man ihn ohne zusätzliche Hitze noch einige Minuten ziehen. Dann die zimmerwarme Butter unterrühren.
4. Mit dem Lardo und den Pilzen anrichten. Von den Pilzen schneidet man die Stiele ab, an der Stelle, wo sie beginnen, sich zu teilen. Man kann die leichte Schärfe der Pilze noch unterstreichen, indem man ein paar Meerrettich-Späne darüberhobelt. Der Lardo sollte so lange wie möglich im Kühlschrank bleiben, damit er beim Anrichten nicht so leicht einreißt.

Enokitake

Kammmuscheln

Zutaten:

2 Packungen Enokitake-Pilze

Ein Dutzend Kamm- oder Jakobsmuscheln

1 Knolle Knoblauch

½ Vanilleschote

2 EL Pflanzenöl

2 EL Sojasauce oder Oyster Sauce

Zubereitung:

1. In einer Pfanne Öl erhitzen, die obere Hälfte der Knoblauchknolle quer abschneiden und zusammen mit einer halben Vanilleschote zum Aromatisieren ins Öl geben.
2. Von den Kammmuscheln bzw. den Jakobsmuscheln den harten Stock vorsichtig entfernen, wer will, kann sie auch kurz in Mehl wenden, um eine bessere braune Kruste zu bekommen, und auf beiden Seiten kurz anbraten.
3. Die Muscheln herausnehmen und die Enokitake-Pilze kurz in der Pfanne braten, ebenfalls herausnehmen und den Bratensatz der Pfanne mit Sojasauce und gegebenenfalls etwas Wasser ablöschen.
4. Die Sauce auf Teller geben und die Muscheln und Pilze darauf anrichten.

Eine sehr edle Vorspeise oder auch Zwischengericht, schnell zubereitet und für jedes Fest eine Bereicherung.

Enokitake

Lachsforelle | Avocado

Eine wunderbare Vorspeise mit einem asiatischen Touch, den man mit einer Ponzu- oder hellen Sojasauce noch unterstreichen kann. Es funktioniert natürlich auch mit einer weißen Forelle oder mit einem Saibling.

Zutaten:

1 Lachs-Forelle bzw. 2 Filets

2 (Hass)-Avocados

1 Schälchen Kresse

1 Limone (Limette)

3 Zweige Dill

Abrieb einer Bio-Zitrone und einer halben Orange

2 EL Salz

1 EL Zucker

Pfeffer

evtl. Ponzu-, Soja-, Yuzu-Sauce

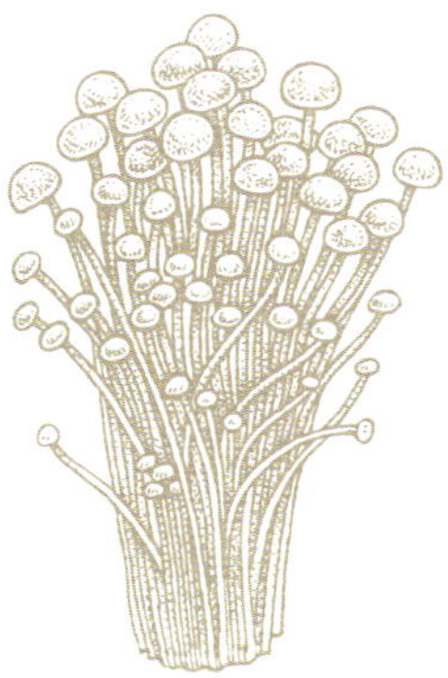

Zubereitung:

1. Die Forelle beizen. Am besten kauft man gleich beim Fischhändler die Filets mit Haut oder lässt sich die Forelle so zuschneiden. Die Haut muss dranbleiben. Mit einer Pinzette noch die Gräten ziehen. Dann 2 Esslöffel Salz und 1 Esslöffel Zucker mischen, den Abrieb einer Zitrone und einer halben Orange und grob gemahlenen schwarzen Pfeffer mit untermengen und die Hälfte davon auf den Boden eines länglichen Gefäßes, z. B. einer Auflaufform, streuen. Dann die Forellen mit der Hautseite nach oben darauflegen. Den Rest der Salz-Mischung und den grob zerkleinerten Dill darüberstreuen und mit Frischhalte-Folie fest verschließen. Es soll möglichst keine Luft dazukommen. In den Kühlschrank stellen und mindestens 12 Stunden beizen lassen. Dann aus der Salzmischung nehmen und sauber wischen.
2. Die Forelle in gleichmäßige, dünne Scheibchen schneiden, ohne Haut, wie man es vom Lachs kennt. Die Avocado halbieren, mit einem Löffel aus der Schale lösen und in Scheiben schneiden. Diese sofort mit Yuzu-Saft oder alternativ mit Limettensaft beträufeln und mit Limetten-Abrieb bestreuen.
3. Zum Anrichten die zusammengewachsenen Pilz-Stiele abschneiden, die Pilze auf die marinierten Avocado-Scheiben legen, darauf die Forellen-Scheiben und die Kresse. Mit ein paar Tropfen Ponzu-Sauce oder heller Sojasauce würzen.

Enokitake

Trüffel | Perlhuhn | Kochbanane

Dieses Gericht ist ein Multikulturismus auf dem Teller; Fernost und Afrika, Frankreich und das Piemont, all diese herrlichen Produkte kann man auch bei uns kaufen. Sie können zu einer schönen Harmonie vereint werden.

Zutaten:

1 Packung Enokitake-Pilze

2 Perlhuhn-Brüste

500 g Weichseln

2 Kochbananen

1 zwetschgengroße Trüffel

250 ml leichten Rotwein oder Roséwein

Salz

Ras El Hanout

1 – 2 EL brauner Zucker

1 EL Butterschmalz

2 EL Öl

1 EL Butter

Zubereitung:

1. Die Kochbananen mit der Schale in Scheiben schneiden und in Salzwasser 10 Minuten kochen. Wenn sie gar sind, lassen sich die Schalen ganz leicht abziehen, was bei der Kochbanane im Gegensatz zur fruchtigen Banane sonst nur sehr schwer gelingt. Nach dem Schälen in Butterschmalz wie Röstkartoffeln braten und nochmals etwas salzen.
2. Die Perlhuhn-Brust in einer Pfanne zuerst auf der Hautseite in Butter/Öl anbraten bis die Haut schön goldbraun wird, dann wenden und auf der Fleischseite noch weitere 7 – 8 Minuten braten. Mit Salz und Ras El Hanout würzen und im Ofen oder Speisenwärmer bei 80° C 45 Minuten garen. Durch Drücken testen, ob es schon gar ist, manchmal dauert das Garen noch etwas länger, wenn es eine dickere Brust war.
3. Den Bratsatz mit einem leichten Rotwein oder auch Roséwein ablöschen und die entsteinten Weichseln darin 5 Minuten garen. Dann die Enokitake-Pilze mit dazugeben, ein bis eineinhalb Esslöffel braunen Zucker, und mit Salz und evtl. noch Zucker abschmecken.
4. Nach dem Anrichten, direkt vor dem Servieren, die Trüffel über die Perlhuhnbrust hobeln.

Ein leichtes Gericht mit feinen Aromen und Zutaten, die man auch im Winter frisch bekommt. Eine willkommene Abwechslung nach den oft üppigen Speisen der Feiertage und auch geeignet für nicht so strenge Vegetarier. (Rezept nächste Seite)

Kräuterseitling

Birne | Forelle

Zutaten:

4 Forellen küchenfertig

6 Kräuterseitlinge

2 Birnen

1 Packung Suppengemüse

2 Zehen Knoblauch

1 Glas Weißwein,
z. B. Riesling, Veltliner

150 ml Weinessig

2 Lorbeerblätter

1 Gewürznelke

¼ Vanillestange

Salz

Zubereitung:

1. Karotten der Länge nach halbieren oder vierteln, sollten sie sehr dick sein. Den Sellerie in Streifen schneiden, ähnlich den Karotten. Den Lauch, nur das Weiße, längs halbieren und nochmals waschen, damit kein Sand mehr darin verborgen ist. Von der Petersilie die Stiele abschneiden, die Blätter beiseitestellen. 2 Knoblauchzehen schälen, den Keim in der Mitte entfernen und in Scheibchen schneiden. In ein Gewürzsäckchen 2 Lorbeerblätter, 1 Gewürznelke und ¼ Vanillestange füllen.
2. Einen großen, weiten Topf, in den die Forellen passen, mit 1½ l – 2 l Wasser zum Kochen bringen und das Gemüse und die Gewürze darin kochen. Salz dazugeben und etwa 7–8 Minuten leicht kochen lassen. In der Zwischenzeit die Forellen waschen und mit einem Küchentuch vorsichtig abtupfen. Dabei die Schleimschicht möglichst nicht verletzen, denn diese lässt die Fische so schön blau werden. Eine halbe Flasche frischen Weißwein und den Essig zum Gemüsesud geben, aufkochen lassen und die Forellen, in deren Bauch man die Petersilienblätter steckt, hineinlegen. Damit die Fische gut bedeckt sind, kann man ein Küchentuch (nicht mit Weichspüler gewaschen) darüberlegen; es saugt sich voll und beschwert gleichzeitig, dadurch können die Fische gleichmäßig garen.
3. Die Fische nun 10 Minuten ganz leicht köcheln lassen. Lässt sich die Rückenflosse leicht herausziehen, sind sie gar. Man nimmt sie heraus und stellt sie auf eine vorgewärmte Platte. Mit dem nassen, heißen Küchentuch abdecken.
4. Die sauberen Pilze in Scheiben schneiden und in einer beschichteten Pfanne braun braten. Währenddessen die Birnen halbieren, das Kernhaus herausschneiden und natürlich auch Stiel und Blüte entfernen und die Birnenhälften in Scheiben schneiden. Die Butter zu den Pilzen in die Pfanne geben, nur leicht salzen, die Birnen mit zu den Pilzen geben und nur kurz mit braten. Sollte die Pfanne nicht groß genug sein, die Pilze erst herausnehmen und nach dem kurzen Anbraten der Birnen wieder zufügen.
5. Die Fische auf dem Gemüse anrichten und die Pilz/Birnen-Mischung dazugeben.

Kräuterseitling

Wachtelei | Salat

Zutaten:

250 g – 300 g Kräuterseitlinge

1 große oder 2 kleine Pastinaken

2 EL Pflanzenöl

12 Wachteleier

Salat nach Belieben z. B. Feldsalat, Roma-Salat, Zupfsalat … Ich hatte Spinat und Friséesalat und zum Garnieren Cherry-Tomaten, Radieschen, Kresse, Schnittlauch (Blüten).

50 ml Weinessig 7%

50 ml Pflanzenöl

20 ml Olivenöl

20 ml Haselnussöl

2 TL Dijon-Senf oder scharfer Senf

1 TL Honig

Salz, Pfeffer

Zubereitung:

1. Für die Vinaigrette Essig, Öl, Senf, Salz und Honig mischen. Ich nehme gern ein Marmeladenglas, darin kann ich die Zutaten gut mischen und durch Aufschütteln gleichmäßig verteilen. Außerdem lässt es sich gut verschließen und man kann den nicht verbrauchten Rest für den nächsten Salat im Kühlschrank aufbewahren.
2. Die Pastinake schälen und in dünne Scheiben schneiden. Die sauberen Kräuterseitlinge ebenso in Scheiben schneiden. In einer beschichteten Pfanne Öl erhitzen und beides goldbraun braten. Auf ein Küchenkrepp legen, damit das Fett etwas abtropft, und warmstellen.
3. Die Wachteleier 2 Minuten in kochendem Wasser garen, dann in Eiswasser abschrecken, damit sie sich gut schälen lassen.
4. Den Salat waschen, mit der Salatschleuder trocknen und wenn nötig in gabelgerechte Stücke zerkleinern. Mit der Vinaigrette marinieren und in die Mitte eines großen, leicht vorgewärmten Tellers geben. Die Pilz- und Pastinakenscheiben außen herumlegen. Die Wachteleier schälen, halbieren und mit den Tomaten- oder Radieschenscheiben auf den Salat verteilen. Kräuter und Kresse obenauf legen und, so man will, eine Scheibe Weißbrot mit Pilzbutter (siehe Rezept Seite 37) dazu servieren.

Ob als Vorspeise für ein Festtagsdinner oder als ein kleines Gericht für feine Stunden, so schmeckt der vielseitig einsetzbare Kräuterseitling auf alle Fälle.

Kräuterseitlinge

Ravioli | Trüffel | Salbeibutter

Eine wahre, edle Delikatesse präsentiert sich hier auf dem Teller. Auch mit Steinpilzen statt Kräuterseitlingen harmonieren diese Aromen sehr gut.

Zutaten:

Für den Teig:

200 g Mehl (Wiener Grießler)

2 Eier

2 EL Olivenöl

Salz

Für die Füllung:

150 bis 200 g Abschnitte und Bruchstücke von Kräuterseitlingen oder Steinpilzen

2 – 3 Schalotten je nach Größe

2 Knoblauchzehen oder, noch feiner, ein Köpfchen französischer Knoblauch

2 EL Olivenöl

Salz , Pfeffer

Für die Salbeibutter:

150 g Butter

10 bis 12 frische Salbeiblätter

1 Sommertrüffel

Zubereitung:

1. Zuerst stellt man den Teig her, denn der muss eine Weile im Kühlschrank ruhen. Man kann ihn nach dem gleichen Rezept wie für Taglioninis (siehe Seite 52) herstellen.
2. Dann bereitet man die Füllung. Dazu werden die Pilze ganz klein gehackt. Die Schalotten werden in ganz feine Würfelchen geschnitten und der Knoblauch entkeimt und ganz fein geschnitten. In einer Pfanne das Ganze in 2 Esslöffeln gutem Olivenöl bei mittlerer Hitze braten, bis die Schalotten goldbraun werden. Mit etwas Salz und Pfeffer abschmecken.
3. Die Ravioli herstellen. Dazu den Teig am besten mit einer Nudelmaschine dünn ausrollen. Mit einem Trinkglas Kreise ausstechen, in die Mitte mit einem Teelöffel oder zwei Mokkalöffeln ein Häufchen der Füllung setzen, das Nudelblatt halb zusammenschlagen und mit den Zinken einer Gabel den Rand zusammendrücken. Dabei darauf achten, dass kaum Luft im Inneren des Raviolos bleibt und der Rand fest zusammenschließt. Dabei sollte zügig gearbeitet werden, da der Teig leicht trocknet und dann zerreißt.
4. Die Salbeibutter herstellen, indem man die Butter schmilzt, aber nicht braun werden lässt. Kurz davor die Molke abschöpfen und die Salbeiblätter in die heiße Butter geben. Die Hitze auf Niedrigstufe zurücknehmen.
5. In einem großen Topf Salzwasser zum Kochen bringen und die Ravioli darin garen. Sie sind in ein bis zwei Minuten bereits fertig und können herausgenommen werden. Man lässt sie abtropfen und richtet sie auf Tellern an. Sie werden mit reichlich flüssiger Salbeibutter, in die man ganz zuletzt noch die Trüffel gehobelt hat, nappiert.

Kräuterseitling

Kräuter | Zucchini

Zutaten:

500 g Kräuterseitlinge, davon die Stiele

4 gelbe Zucchini

20 g + 40 g Butter

2 Zehen Knoblauch, entkeimt und in kleinsten Würfelchen

½ Vanilleschote

4 – 5 Stiele Petersilie

2 Zweige Bohnenkraut

3 Zweige Estragon

Szechuan-Pfeffer

Salz

Zubereitung:

1. Die Stiele der Kräuterseitlinge in 4 mm dicken runden Scheiben abschneiden und in einer beschichteten Pfanne ohne Fett heiß anbraten, bis sie beginnen zu weinen, d. h. bis Wassertropfen auszutreten beginnen. Dann die Temperatur zurücknehmen (Stufe 3 – 4) und 20 g Butter und kleinstgewürfelten Knoblauch zugeben und 2 Minuten darin fertiggaren und mehrfach wenden.
2. Die Zucchini in etwa 7 mm dicke Scheiben schneiden, in einer Pfanne bei mittlerer Hitze 40 g Butter zergehen lassen, eine halbe, der Länge nach aufgeschnittene Vanilleschote mit beilegen und die Zucchini-Scheiben darin braten.
3. Petersilie, Bohnenkraut und Estragon klein schneiden und gegen Ende des Garens mit zu den Zucchini geben. Mit Salz und Szechuan-Pfeffer würzen, die Vanilleschote entfernen und die Pilze mit dem Gemüse zusammenführen.

Kräuterseitling

Kräuterseitlinge sind beliebte Zuchtpilze geworden, die heute ziemlich ganzjährig zu kaufen sind. Sie haben ein sehr schönes festes Fleisch. Sein zarter Geschmack lässt diesen Pilz als dezenten Begleiter in den verschiedensten Gerichten auftreten, er passt fast immer.
Der Eigengeschmack entwickelt sich kräftiger, wenn man die geschnittenen Pilze ohne Fett in einer beschichteten Pfanne leicht braun braten lässt. Dann erinnert der Geschmack an Steinpilze und man kann die Kräuterseitlinge auch an deren Stelle einsetzen, wenn man keine frischen bekommt. Wild wachsend findet man Kräuterseitlinge in Wiesen im südlichen Europa, zum Beispiel in Italien.

Das Gericht kann als Beilage dienen, stellt aber auch für sich alleine ein sehr schmackhaftes vegetarisches Gericht dar, das alle nötigen Nährstoffe enthält. Der Vorteil ist auch, dass man hier die oft recht großen Stiele der Pilze verwenden kann, die sonst von einem Kräuterseitlingsgericht vielleicht der Optik wegen im Abfall landen würden.

Limonen-Seitling

Artischocke | Garnele

Zutaten:

400 g Limonen-Seitlinge

8 Artischocken,
die schmalen kleinen

12 Black Tiger Garnelen

1 Bio-Zitrone

3 – 4 Schalotten

1 EL Butter + 30 g in Stücke geschnittene kalte Butter

1 – 1 ½ l Gemüse- oder Geflügelfond

4 EL Olivenöl

5 – 6 Zehen Knoblauch

1 Stück Orangenschale

Chili-Salz

Salz

Pfeffer

Zubereitung:

1. Zuerst richtet man sich eine Schale mit Wasser und Zitronensaft, wo man die geputzten Artischocken hineinlegen kann, damit sie nicht schwarz werden. Von den Artischocken kürzt man den Stiel auf etwa 5 cm Länge. Hat man Blüten mit sehr langen Stielen, so kann man die Stiele in entsprechend lange Stücke teilen und sie bis zum zarten, schmackhaften Mark schälen. Von der Artischocke selbst nimmt man die harten, äußeren Blätter ab und schält mit einem kleinen Messer die holzigen Teile vom Boden. Die weicheren Blütenblätter schneidet man knapp über dem Blütenboden mit einem großen Messer ab und säubert den Blütenboden mit einem Kugelausstecher von den feinen weißen Samenhaaren, dem Heu. Die Artischocke noch längs halbieren und sofort ab ins Zitronenwasser.
2. Nun werden die weiteren Komponenten für das Braten vorbereitet. Die Pilze sind ganz schnell von den Strünken getrennt, wie auch bei den Austernseitlingen. Etwas länger dauert es bei den Garnelen, die erst von den Köpfen durch leichtes Drehen getrennt werden, die Schalen bricht man auf und entfernt sie bis auf das letzte Stück mit der Schwanzflosse. Der Darm lässt sich manchmal gleich mit dem Kopf ziehen oder mit einer Pinzette. Gelingt das nicht, so schneidet man das Tier am Rücken auf und entfernt den Darm.
3. Schalotten klein würfeln und in einer tiefen Pfanne in Butter bei milder Temperatur anschwitzen. Die Artischocken mit hineingeben, salzen und mit Hühner- oder Gemüsefond ablöschen, 6 Minuten garen, herausnehmen und warmstellen. Den Sud kann man noch etwas reduzieren und mit dem Stabmixer eine Sauce daraus ziehen, indem man kalte Butter einrührt.
4. In einer großen Pfanne Öl erhitzen zusammen mit einem Stück Zitronen- und Orangenschale und einigen längs halbierten Knoblauchzehen. In diesem Aromaöl die Garnelen von beiden Seiten je etwa 3 Minuten braten, dann mit wenig Chili-Salz würzen.
5. Die Limonen-Seitlinge in Öl sanft braten, sie werden beim Garen nussbraun, und mit Salz und Pfeffer würzen. Zuletzt noch die Artischocken in Öl anbraten, sodass sie etwas braune Farbe bekommen und alles zusammen schön anrichten.

Der Limonen-Seitling ist nicht immer zu bekommen. Sein zarter, feiner Geschmack verlangt nach edler Gesellschaft.

Chinesische Pilzpfanne

Mu Err | White mushroom

Zutaten:

25 g Mu-Err-Pilze

20 g White mushroom

1 Kohlrabi

3 Frühlingszwiebeln

1 – 2 Stangen Sellerie

3 mittelscharfe rote Paprika-Schoten (Chili)

2 Stangen Zitronengras

1 Gelbwurzel (Curcuma), wenn zur Hand

1 pflaumengroßes Stück Ingwerwurzel

Frischen Koriander

2 EL Pflanzenöl

1 – 2 EL helle Sojasauce

Gerade in der asiatischen Küche sind Pilze sehr häufig anzutreffen. In der Chinesischen Medizin gelten die verschiedenen Arten auch als Heilmittel für verschiedenste Beschwerden.
Die Art der Zubereitung ist auf alle Fälle auch für unseren Gaumen sehr schmackhaft.

Zubereitung:

1. Die Mu-Err-Pilze und auch die Krause Glucke (White Mushroom) bekommt man in Asia-Läden getrocknet zu kaufen und muss sie daher vor dem Gebrauch in Wasser einweichen. Der Mu-Err-Pilz ist relativ dick und kräftig und benötigt längere Zeit, ein bis zwei Stunden, um gut gequollen zu sein und nicht zäh zu schmecken. Es ist zu beachten, gut Wasser zuzugeben, damit die Pilze quellen können und nicht zu viel der Pilze zu nehmen, denn sie werden recht groß und man hat meist wenig wegzuputzen.
2. Das Gemüse vorbereiten, dazu vom Kohlrabi die zarten Blätter abschneiden, sie werden mitverwendet; gegebenenfalls die Stiele etwas zurückschneiden, bis die Blattspreite beginnt und die Blätter 2 bis 3-mal durchschneiden. Die Kohlrabi-Knolle schälen, dabei achten, dass alle holzigen Fasern mit entfernt werden und in 3 – 4 mm dicke Scheiben schneiden. Diese noch 4 bis 5-mal durchschneiden.
   Die Frühlingszwiebeln putzen und in 3 cm lange Stücke schneiden. Den Stangensellerie in 3 cm lange Stücke schneiden und die scharfen Paprika-Schoten entkernen und in Streifen schneiden. Die Ingwerwurzel schälen – das funktioniert am besten und sparsamsten, indem man die Schale mit einem kleinen, scharfkantigen Löffel abschabt – und in dünne Streifen schneiden, die Gelbwurzel, so man sie zur Hand hat, ebenso schälen und in kleine Scheibchen schneiden. Zuletzt noch das Zitronengras mit einem Messergriff besonders am unteren Stielende schlagen und leicht quetschen, damit das Aroma besser abgegeben werden kann.
3. Nun die eingeweichten Pilze in Stücke schneiden, der Größe nach den Gemüseteilen etwas angepasst, von den Mu Err müssen die unteren Rosetten abgeschnitten werden, sie sind hart und geschmacklos.
4. In einer Pfanne Öl erhitzen und das Gemüse und die Pilze darin braten, etwa 5 Minuten, dabei öfter umrühren, damit alles gleichmäßig gart. Zuletzt mit heller Sojasauce würzen und die Zitronengras-Stiele wieder entfernen. Wer ihn mag, kann noch ein paar grob geschnittene Koriander-Blätter darüberstreuen.

Reisstrohpilze

Thai Spargel | Garnelen

Einfach köstlich schmeckt dieser in China so beliebte Zuchtpilz, weshalb ich ihn auch gerne mit asiatischem Flair zubereite.

Zutaten:

1 Glas Reisstrohpilze (bekommt man meist im Asia-Laden)

250 – 300 g Garnelen ohne Kopf, mit Kopf etwa das Doppelte

1 Bund Thai-Spargel

2 rote Chili-Schoten

2 Zehen Knoblauch

1 Stück Ingwer-Wurzel 30 – 40 g

3 Frühlingszwiebeln

3 EL Kokosöl

¼ l Hühnerbrühe

oder Sojasauce mit Wasser verdünnt und 1 kleines Glas Reiswein

Basmati-Reis

Zubereitung:

1. Die Pilze abseihen und, wenn sie sehr dick sind, halbieren. Den Ingwer schälen, die Schale lässt sich sehr leicht und sparsam mit einem Kaffeelöffel abschaben, und in kleine Würfelchen schneiden. Den Thai-Spargel halbieren, die Chili-Schote entkernen und längs in Streifen schneiden. Den Knoblauch schälen, entkeimen und in feine Streifen schneiden, die Frühlingszwiebeln in gleichlange Stücke schneiden, wie der Thai-Spargel und die Chili-Schote. Die weißen Zwiebelchen selbst dabei halbieren oder vierteln, je nach ihrer Dicke.
2. Die Garnelen aus der Schale brechen und den schwarzen Darm entfernen. Oft lässt er sich komplett herausziehen, manchmal aber muss man mit einem Rückenschnitt nachhelfen, um ihn komplett entfernen zu können. Die Schalen und Schwänze in einer kleinen Pfanne mit einem Teil des Kokosöls anbraten und mit Hühnerbrühe oder Wasser und 1 Teelöffel Sojasauce aufgießen. Man kann auch noch einen Schuss Reiswein mit dazugeben und lässt das Ganze zehn bis fünfzehn Minuten köcheln.
3. In einem Wok oder in einer beschichteten Pfanne das Kokosöl erhitzen, die Garnelen darin von beiden Seiten braten, bis sie die schöne rote Farbe bekommen haben. Den Knoblauch und den Ingwer zum Anbraten gleich mit in die Pfanne oder den Wok geben, dann die Pilze mitbraten und die Chili, die Zwiebelchen und den Thai-Spargel dazugeben. Zuletzt den Sud der Garnelen-Karkassen durch ein feines Sieb angießen und kurz mit erwärmen. Wer es sehr scharf mag, kann auch mit entsprechenden asiatischen Würzpasten noch nachhelfen. Ich stelle diese lieber in kleinen Schälchen separat mit auf den Tisch.
4. Die klassische Beilage zu diesem Gericht ist Basmati-Reis, wobei ich das zarte Aroma von Jasminreis sehr gerne dazu mag. Die Zubereitung ist ganz einfach: Pro Tasse Reis 1 ½ Tassen Wasser in einem geschlossenen Topf zum Kochen bringen, die Hitze abschalten und mindestens 25 – 30 Minuten quellen lassen. Der Deckel muss dabei unbedingt auf dem Topf bleiben.

Reisstrohpilze

Der Reisstrohpilz kommt auch bei uns vor unter dem Namen Doppelstreifiger Scheidling. In der ostasiatischen Küche hat er einen festen Platz und ist dort sehr beliebt. Roh ist er giftig, weshalb man ihn in Asia-Läden nur in Dosen oder Gläsern zu kaufen bekommt. Reisstrohpilz heißt er, weil er auf Stroh gezüchtet wird.
Er ist äußerst schmackhaft und erinnert an zartes Fleisch.

Pekingsuppe

gebackene Reisstrohpilze

Zutaten:

1 Dose oder Glas Reisstrohpilze

1 Poularde

10 g Mu-Err-Pilze

½ Küchenzwiebel

Ein Stück Ingwertatze

2 Karotten

Ein faustgroßes Stück schwarzer oder weißer Rettich

1 rote Paprikaschote

2 rote Chili-Schoten

1 Frühlingszwiebel

2 Knoblauchzehen

Salz

Zucker

2 EL Tomatenmark

2 EL helle Sojasauce

3 EL Ponzu-Sauce

Yuzu-Saft und/oder Reisessig

2 Eier für die Suppe + 1 Ei zum panieren

Mehl und Panko-Mehl zum Panieren

Pflanzenfett zum Ausbacken

Zubereitung:

1. Zuerst die Mu-Err-Pilze einweichen, dann die Hühnersuppe kochen. Dazu 2 Liter Wasser zum Kochen bringen eine halbe geschälte Zwiebel, ein großes in Scheiben geschnittenes Stück Ingwer und 3 Teelöffel Salz dazugeben und die gewaschene Poularde darin eine gute halbe Stunde garen.
2. In der Zwischenzeit das Gemüse putzen, die Karotten und den Rettich in Streifen schneiden, ebenso die Paprikaschote. Die Chili-Schoten entkernen und in feine Ringe schneiden. Die Frühlingszwiebel längs halbieren, grob zerschneiden und beiseitestellen, sie werden ganz zuletzt darüber gestreut. Die Mu-Err-Pilze noch in Streifen schneiden und 2 Zehen Knoblauch entkeimen und in feine Scheibchen schneiden. Die Reisstrohpilze aus dem Glas oder der Dose nehmen und abtropfen lassen.
3. Die Poularde aus der Suppe nehmen, die Brüste auslösen und die Haut abnehmen. Die Brüste in den Reisstrohpilzen gleichende Teile schneiden. Das restliche Fleisch des Huhns kann für ein separates Gericht verwendet werden, man kann es aber auch zerzupfen und mit zur Suppe geben, so dient die Suppe dann nicht mehr als Vorspeise, sondern kann ein Hauptgericht ersetzen. Die Zwiebel und die Ingwer-Scheiben aus der Suppe nehmen und die Suppe wieder zum Kochen bringen. Die Gemüsestreifen bis auf die Frühlingszwiebeln zur Suppe geben, ebenso die Mu-Err-Pilze und köcheln lassen. 2½ Esslöffel Zucker mit hineingeben, 2 Esslöffel Tomatenmark, 2 Esslöffel helle Sojasauce und 3 Esslöffel Ponzu-Sauce mit dazugeben und, so man hat, einen halben Teelöffel Yuzu-Saft. Die Säure lässt sich auch mit Essig regulieren, dazu nimmt man am Besten Reisessig. Dann je nach Geschmack das Süß-Sauer-Verhältnis und die Schärfe abschmecken. Man kann auch scharfe Würzpasten mit einsetzen, wenn die Chili-Schoten nicht genügen. Zuletzt zwei Eier glatt verrühren und in die kochende Suppe eingießen.
4. Die Reisstrohpilze und die Poulardenbrust-Teile in Mehl, Ei und Panko-Mehl wenden und in einer Fritteuse oder einem Topf mit heißem Öl ausbacken, auf Küchenkrepp abtropfen lassen und auf Spieße stecken. Über die Suppenteller legen und die geschnittenen Frühlingszwiebeln aufstreuen.

Der in China so beliebte Reisstrohpilz verlangt natürlich, auch auf asiatische Art zubereitet zu werden. Mit seinem vorzüglichen Geschmack wird daraus auch ein vorzügliches Gericht.

Frühlingsröllchen

Mu-Err | Krause Glucke | honiggelber Hallimasch

Zutaten:

für 12 – 15 Röllchen

30 g getrocknete Mu-Err-Pilze

30 g getrocknete Krause Glucke

1 Glas eingelegte Chinesische Hallimasch Opienka

2 Karotten

½ Fenchel-Knolle

50 g Mungo-Bohnen

6 Koriander-Blättchen

1 EL Öl oder Kokosfett

1 knapper EL braunes Sesam-Öl

2 EL Sojasauce

1 EL Oyster Sauce

3 EL feiner Zucker oder Puderzucker

1 pflaumengroßes Stück Ingwer oder Ingwerpaste

1 frische rote Chili-Schote

½ TL Fenchel-Früchte

1 Stückchen Zimt-Rinde

6 – 8 weiße Pfefferkörner

½ Stern-Anis

1 Büschel getrocknete Chili-Fäden

Wan-Tan-Teig

Ausback- oder Frittier-Öl

Zubereitung:

Zuerst bereite ich die süß-saure Sauce zu, sie soll ruhig etwas auskühlen. Dazu verwende ich die Flüssigkeit der eingelegten Hallimasche, der Opienka, sie ist bereits sauer und leicht dicklich.

1. In einer Kasserole Zucker zu Karamell schmelzen lassen und mit der Pilzflüssigkeit auflösen.
2. In einen Teebeutel Fenchelfrüchte, Zimt, Sternanis und Pfefferkörner füllen und mit in die Flüssigkeit legen, darin etwa 10 Minuten ziehen lassen.
3. Eine rote Chili-Schote entkernen und in feine Streifchen schneiden, mit dazugeben; ein Stück Ingwerwurzel reiben oder auch Ingwerpaste verwenden, mit dazugeben, Chilifäden mit einarbeiten, den Teebeutel entfernen und abschmecken. Sollte die Sauce zu flüssig sein, noch etwas reduzieren.

Nun bereite ich die Füllung für die Röllchen zu:

1. Die in Wasser eingeweichten Mu Err Pilze und die eingeweichte Krause Glucke werden in feine Streifchen geschnitten, die abgeseihten Hallimaschköpfchen werden noch etwas zerkleinert. Die Karotten schneidet man in kleine Streifchen (Juliennes), ebenso den Fenchel.
2. In einer Pfanne oder einem Wok wird das Kokosfett erhitzt, alternativ ein neutrales Öl. Zuerst werden die Karotten darin angebraten, dann kommen die geschnittenen Pilze dazu und der Fenchel, zuletzt die Mungo-Bohnen. Das Sesamöl wird dazugegeben und mit erhitzt und mit Soja- und Oyster-Sauce wird das Ganze gewürzt.
3. Die Korianderblättchen klein schneiden und erst vor dem Füllen mit untermengen.

Zuletzt wird in einer Pfanne oder in einer Fritteuse das Fett erhitzt und die gefüllten Wan-Tan-Teig-Röllchen darin ausgebacken.

Ich kaufe den Teig gerne im Asia-Laden, obwohl er sehr leicht hergestellt werden kann. Es ist jedoch schwierig, so gleiche Teilchen herzustellen.

Mit Pilzen lassen sich die überaus leckeren, sehr beliebten Frühlingsröllchen auch für Vegetarier zu einem eiweißreichen, sättigenden, wohlschmeckenden Gericht zubereiten. Verwendet man statt eines Wan-Tan-Teigs Reisblätter, so ist es auch für Veganer geeignet.

Shiitake

Mischpilze | Ochsenschwanz

Zutaten:

3 große Scheiben vom Ochsenschwanz

1 Packung Suppengemüse

Zusätzlich 1 Petersilienwurzel

2 Zwiebeln

(wenn vorhanden noch Petersilienstiele)

2 Zehen Knoblauch

3 EL Tomatenmark

50 g Trockenpilze (Steinpilze, Maronen, Rotkappen)

150 – 200 g Shiitake-Pilze

2 EL Pflanzenöl

½ Flasche Rotwein

300 ml Rinderfond

Salz, Pfeffer

Zubereitung:

1. Den Ochsenschwanz gut waschen und trocken tupfen. In einem Bräter das Pflanzenöl erhitzen und den Ochsenschwanz darin anbraten. Dann wieder herausnehmen, das Tomatenmark in den Topf geben und ganz kurz unter Rühren etwas dunklere Farbe nehmen lassen. Dann das geschnittene Suppengemüse dazugeben, ebenso 1 Petersilien-Wurzel, 2 Zwiebeln nur grobgeschnitten, etwa in Achtel, 2 Zehen Knoblauch halbiert und sollte man von Petersilie noch Stiele übrighaben, so können diese hier noch gut ihren Geschmack abgeben. Der Ochsenschwanz kann nun wieder hinein und darf auf dem Gemüse im Rotwein baden, den man als Erstes angießt. Wenn der Rotwein kocht, wird auch noch der Rinderfond zugegossen. Den Deckel darauf und mindestens 3 Stunden leicht köcheln lassen oder 2 Stunden bei 170° C im Herd schmoren.
2. Den Ochsenschwanz herausnehmen und etwas abkühlen lassen. Den Schmorsud durch ein Sieb in einen Topf gießen und das Gemüse, falls möglich, durch das Sieb drücken, damit man davon schon Bindung in die Sauce bekommt.
3. Die Trockenpilze in warmem Wasser einweichen und die Shiitake-Pilze in möglichst gleich große Stücke für das Ragout zerschneiden.
4. Die Schmorsauce etwas einkochen lassen, die Shiitake-Pilze und die getrockneten Mischpilze mitsamt dem Einweichwasser mitzugeben und weiter reduzieren. Vom Ochsenschwanz die Fleischteile vom Knochen und Knorpel ablösen und mit zum Ragout geben und mit Salz und Pfeffer abschmecken. Sollte die Sauce noch zu dünnflüssig sein, kann man mit in Wasser angerührter Speisestärke nachjustieren.

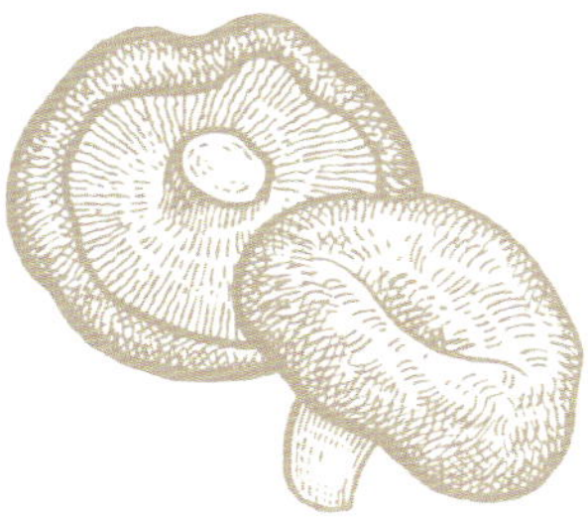

Um dieses äußerst schmackhafte Gericht herzustellen, braucht es Zeit, denn der Ochsenschwanz will eine ganze Weile schmoren, um so zarter zergeht er auf der Zunge. Deshalb beginne ich gerne schon am Vortag, denn das Schmoren geht nebenher, und stelle es am Folgetag fertig.

Shiitake

Wachtel | Erbsen

Das kleine, schmackhafte Vögelchen mag schmackhafte Pilze gerne in seinem Bauch und um sich herum als Beilage. Man bereitet am besten zuerst die Wachtel zu, und solange sie gart, kann das Erbspüree entstehen.

Zutaten:

Für die Wachteln:

1 Wachtel pro Person

Pro Wachtel:

1 – 2 Schalotten

6 Shiitake Pilze

1 getrocknete Tomate

1 Eigelb

1 – 2 EL Chia-Samen

1 knapper EL Melilotus-Öl (alternativ Rapsöl)

Salz, Pfeffer

Butterschmalz

Zubereitung Wachteln:

1. Die Wachteln auslösen, ohne sie zu zerteilen. Dazu kann man die Flügelchen abschneiden oder auch nur von innen das Gelenk durchtrennen. Bei den Schenkelchen den kleinen Keulenknochen lassen, das Gelenk durchschneiden, um die Keulchen komplett mit ablösen zu können. Vorsichtig auf Vorder- und Rückseite die Karkasse heraustrennen, eventuell den Kragen vorher noch etwas kürzen.
2. Für die Füllung die Schalotten klein würfeln und im Öl anschwitzen, die Pilze klein gehackt mit dazugeben und kurz mitbraten. Dann die Herdplatte abschalten. Die getrocknete Tomate kleinwürfeln, mit dazugeben, mit Salz und schwarzem Pfeffer würzen, die Petersilie mit beifügen und mit dem Eigelb und den Chia-Samen zu einer Farce verarbeiten.
3. Die Wachteln damit füllen und darauf achten, dass sie etwa ihr ursprüngliches Aussehen wiedererhalten. Die Öffnungen so gut als möglich mit der Haut verschließen.
4. Den Ofen oder Speisenwärmer auf 80° C vorheizen, und die gefüllten Wachteln in einer Pfanne in Butterschmalz gut anbraten. Dabei von beiden Seiten noch etwas salzen. Im Ofen bzw. Speisenwärmer 28 bis 30 Minuten (je nach Größe der Vögelchen) garen.

Shiitake

Bei den Zuchtpilzen nimmt der Shiitake gleich hinter den Champignons den zweiten Platz ein. Er kommt aus Japan und China, wo er auch in der Natur vorkommt, aber auch dort als Zuchtpilz verwendet wird. Er hat dort nicht nur als reiner Speisepilz sondern auch als Heilpilz eine sehr lange Tradition.

Er ist ein sehr aromatischer Pilz, in getrocknetem Zustand verstärkt sich, wie bei vielen Pilzen, das Aroma noch. Er passt in viele Gerichte, auch zu kräftig schmeckendem Fleisch. Ich persönlich liebe ihn auch sehr als Begleiter zu einem frischen Thunfischsteak. Da er schon lange auch bei uns kultiviert wird, ist er das ganze Jahr über erhältlich.

Zutaten:

Für die gefüllten Shiitake:

150 – 200 g Shiitake Pilze

400 g junge Erbsen, frisch gepult oder gefroren

1 kleines Schälchen Zuckerschoten

frische Pfefferminze

300 ml Gemüse- oder Geflügelbrühe

10 g Butter

2 EL Rapsöl

Salz, Pfeffer

Zubereitung für mit Erbspüree gefüllte Shiitake:

1. Die Pilze ohne Stiele in Rapsöl bei mittlerer Hitze braten, 8 – 10 Minuten, dann salzen, 1 Umdrehung Pfeffer darüber und noch einmal kurz schwenken.
2. Die Erbsen in der Brühe kochen, sie sollten mit der Flüssigkeit gerade bedeckt sein. Sie sind recht schnell weich (probieren) und sollen dann nicht weiterkochen, damit sie die schöne grüne Farbe beibehalten. Mit Salz abschmecken und eine Hand voll frischer Minzblätter kleingeschnitten zugeben. Mit dem Schneidstab oder dem Mixgerät pürieren. So man will, kann man noch mit einem Schuss gutem Raps- oder Olivenöl verfeinern.
3. Die Butter zerlassen und die Zuckerschoten darin schwenken.
4. Zum Anrichten das Püree in einen Brotzeitbeutel füllen, eine Ecke davon abschneiden, so lässt sich das Erbspüree leicht in die Pilze füllen. Mit einer halben Zuckerschote und einem Minzeblättchen verzieren und zur Wachtel reichen.

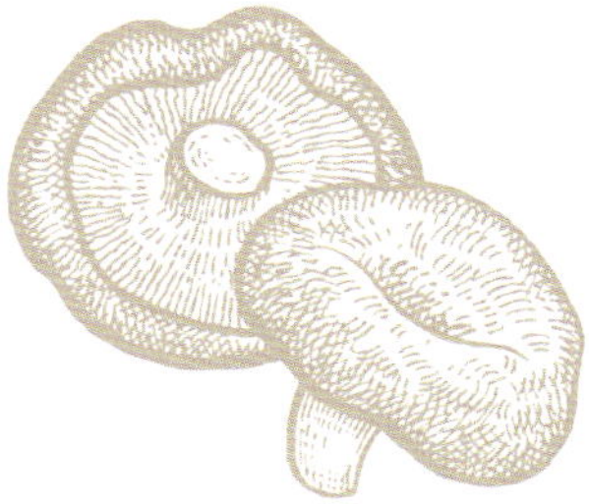

Fürst Pückler

Morcheln | Champignons | Buchenpilze

Zutaten:

für 8 bis 10 Törtchen

2 Packungen Tramezzini

100 g frische Morcheln

150 g Champignons

1 Schälchen Buchenpilze

2 Schalotten

1 EL Butter

125 ml Sherry

1 – 2 kleine Täfelchen Schokolade (80%, mild)

200 g Mascarpone

2x 1 Becher Sahne (je für Creme 2 und 3)

2 kleine, vorgegarte Rote Bete

Meerrettich von 3 – 4 cm Wurzel, je nach Dicke, frisch abgerieben

175 g Vollrahm-Frischkäse

1 TL Anisfrüchte

250 g Ricotta

Salz

Zur Garnitur Kresse und Radieschen-Sprossen

Zubereitung:

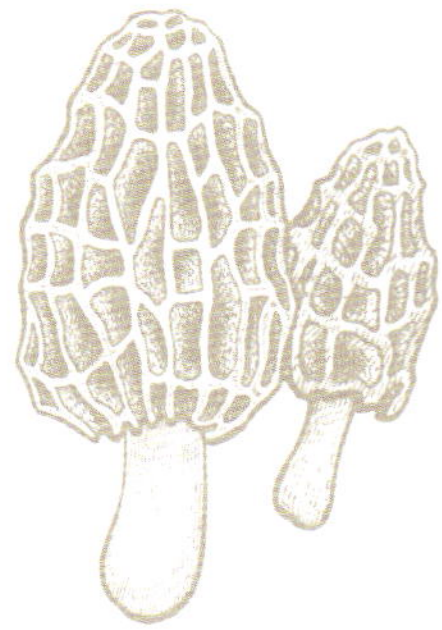

1. **Braune Creme:** Die geputzten, kleingeschnittenen Morcheln und die klein gewürfelten Schalotten in Butter bei mittlerer Hitze anschwitzen. Mit Sherry ablöschen, etwas reduzieren lassen, sodass von der Flüssigkeit nur noch etwa die Hälfte übrig ist, die Hitze wegnehmen und die Schokolade mit einschmelzen, salzen und etwas abkühlen lassen. Im Mixer oder einer Moulinette mit dem Mascarpone zu einer Creme verarbeiten; kalt stellen, über Nacht durchziehen lassen und nochmal abschmecken.
2. **Rote Creme:** Die kleingeschnittenen Champignons in der Sahne 5 Minuten köcheln und abkühlen lassen. Inzwischen die Rote Bete klein schneiden, den Meerrettich frisch reiben und alles zusammen mit etwas Salz und dem Frischkäse im Mixer zur Creme aufarbeiten. Kaltstellen.
3. **Helle Creme:** Anis in einen Teebeutel geben und in die leicht kochende Sahne geben. Die Buchenpilze von den Strünken befreien – ein paar der schönsten Köpfchen für die Dekoration beiseitelegen – und in der Sahne kurz mitkochen, salzen, den Anis-Teebeutel entfernen und mit dem Ricotta zu einer zarten Creme verarbeiten.
4. Tramezzini mit einem Teigroller noch etwas flacher machen und mit einem Servierring (8 cm Ø) Törtchenböden ausstechen. Servierringe mit einem mit neutralem Speiseöl getränkten Küchenkrepp ausreiben, einen Boden einlegen, mit der ersten Creme befüllen, den nächsten Boden, die zweite Creme,dann wieder Boden und die dritte Creme. Die Ringe abnehmen und garnieren.

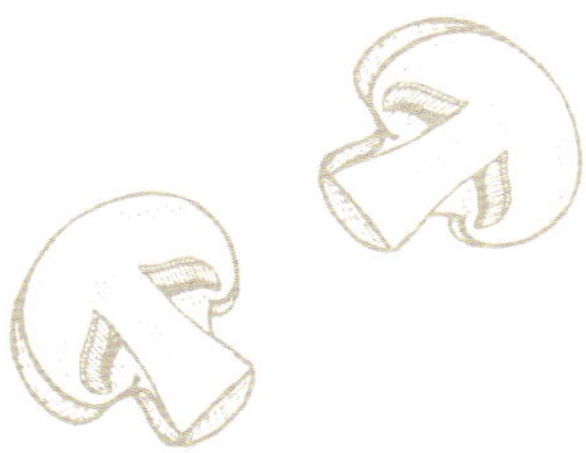

Ein Schmuckstück für jedes Buffet sind diese kleinen Pilztörtchen. Erhöht man den Schokoladenanteil in der braunen Creme um ein kleines Rippchen und ersetzt bei der Dekoration die Kresse und Sprossen durch ein kleines Minz- oder Melissenblättchen, so sind die sogar ein süßes Dessert. Wichtig ist, sie schön zu kühlen.

Bücher für Bayern
aus Liebe zur Heimat

Heimat
battenberg
gietl verlag

In diesem Pilzbuch findet man die wichtigsten Speise- und Giftpilze, die in Bayern vorkommen. Die Pilze können aufgrund der naturgetreuen Fotos sowie durch die ausführliche Beschreibung bestimmt werden. Die ergänzende und umfassende Darstellung in der Rubrik „Verwechslung" hilft die Bestimmung abzusichern.

»Standardwerk«

Jürgen Herda, Der neue Tag

»Ein sehr kompaktes, gut gegliedertes und bebildertes Buch.«

Dr. Stefan Rammer, Passauer Neue Presse

Norbert Griesbacher
Schwammerlsuche in Bayern
Heimische Speisepilze sammeln, bestimmen und verarbeiten, Giftpilze sicher erkennen!
3. Auflage 2019, 200 Seiten,
Format 12,5 x 19 cm,
durchgehend farbig, Broschur
ISBN 978-3-95587-739-2
Preis: 14,90 €

DIE *besten Rezepte* AUS UNSERER *Heimat*

Format 17 x 24 cm
durchgehend farbig
Hardcover

Markusine Guthjahr
Die Speisekammer der Natur
Kochen im Einklang mit den Jahreszeiten
Gemüse · Kräuter · Früchte
1. Auflage 2020, 192 Seiten
ISBN 978-3-95587-074-4
Preis: 19,95 €

Spouzn, Schoppala & Schwammerbröih
Althergebrachte und neue Oberpfälzer Küchengeheimnisse, 8. Auflage 2016,
160 Seiten
ISBN 978-3-95587-024-9
Preis: 19,95 €

Kouchn, Köichla, Kipfala
Oberpfälzer Brauchtumsbackbuch quer durchs Jahr
3. Auflage 2016, 160 Seiten
ISBN 978-3-935719-77-3
Preis: 19,95 €

Erdäpfl, a so a Freid
Neue und alte Kartoffelrezepte aus der Oberpfalz
2. Auflage, ´ 76 Seiten
ISBN 978-3-935719-95-7
Preis: 19,95 €

Heimat
battenberg
gietl verlag

Pfälzer Straße 11 | 93128 Regenstauf
Tel. 0 94 02/93 37-0 | Fax 0 94 02/93 37-24
E-Mail: info@battenberg-gietl.de

Folgen Sie uns auf Facebook, Instagram und Pinterest!

Das komplette Programm mit Leseproben finden Sie in unserem Online-Shop unter: **www.battenberg-gietl.de**